TRISTANE BANON

PRENDRE UN PAPA PAR LA MAIN

roman

Robert Laffont

Ouvrage publié sous la direction
de Betty Mialet

ISBN 978-2-221-21557-9
Dépôt légal : janvier 2018

À Tanya, ma fille
À Pierre L., son père

Zéro-trois mois

Je suis une mère. Il faut que je réussisse ce job-là. Je suis une mère comme une autre, je crois. Pas tout à fait comme une autre, comme certaines autres. J'ai crié toute ma grossesse. J'ai crié si fort que j'ai eu peur que ma fille naisse sourde. Ce bruit strident qui devait résonner à l'intérieur, ça lui a forcément abîmé quelque chose. Mais *il* me faisait crier, tout le temps. C'est comme ça, quand une femme enceinte crie, c'est toujours la faute de l'autre, c'est admis, c'est entendu entre les hommes et nous, ça ne peut pas être notre faute, on est enceintes ! Maintenant, ça n'a plus d'importance. *Il* est parti avant qu'elle n'arrive. *Il* ne la connaît pas, ils se sont croisés, rien de plus, elle ne voyait pas encore parfaitement clair. Elle n'a pas dû saisir qui *il* était. Depuis, *il* n'est personne. Ça, elle l'a bien compris. *Il* ne sait pas qu'elle a mis vingt minutes à arriver. Ma mère sait, ma mère était là, ma mère a tout vu. « Poussez. On va recommencer. C'est bien, vous faites les choses parfaitement bien, c'est absolument ça. Allez, encore une fois. » Ma mère m'a vue pleurer alors que je n'avais pas mal. « Poussez, m'a répété l'obstétricien.

Et puis ouvrez les yeux, sinon vous n'allez pas la voir arriver. » J'ai obéi. Je suis une mère, mais je suis aussi une enfant sage. J'ai ouvert les yeux, je pensais qu'il n'y aurait que le haut de son crâne à voir, à peine le début d'une tête, je n'ai pas imaginé un seul instant que je me retrouverais face à son minuscule visage peint comme une sanguine de Nicolas Poussin. Thelma n'a pas voulu déranger, elle est arrivée comme une petite fille modèle, elle a pleuré un peu, pour ne pas m'effrayer, pour que je sache qu'elle allait bien. Elle ne m'a pas vraiment regardée, elle s'est tendue vers moi, a allongé son petit cou de moineau pour me sentir contre elle. Ses pleurs n'étaient accompagnés d'aucune larme, comme si j'avais vidé ses réserves avant qu'elle n'arrive. J'ai tant pleuré ces dernières heures. Puis l'obstétricien m'a expliqué que les petits bébés n'ont jamais de larmes, ils pleurent des cris, ils ont le râle sec.

Je prends Thelma dans mes bras et lui murmure : « Tout va bien se passer. » Je n'en crois pas un mot, ça n'a pas d'importance, il n'y a plus qu'une seule chose qui compte, c'est qu'elle y croie, elle. Elle semble paisible. Elle tète tranquillement. Elle me fait confiance, « tout va bien se passer », c'est convenu entre nous, il ne peut en être autrement. Elle le pense parce que je le lui ai dit. Elle ne connaît pas encore le mensonge, elle ne sait pas encore la peur des grands. Elle m'accorde le crédit que les croyants mettent en Dieu.

La sage-femme me demande l'autorisation de me la prendre, elle veut lui faire sa toilette. J'ai envie de lui répondre qu'elle est propre, qu'elle n'a pas couru de marathon ni accompli quoi que ce soit qui justifie de se laver, qu'elle n'a encore rien fait, d'ailleurs, qu'elle est vierge de toute action, que ça ne lui arrivera plus jamais dans son existence, qu'elle vit un moment unique, et moi aussi. Pourtant, je la laisse attraper mon enfant. Elle emmène Thelma à côté du lit de travail, je peux la suivre des yeux. Ma mère est heureuse, elle trouve ma fille jolie, et elle aime qu'*il* soit parti loin de nous. Elle ne l'a jamais apprécié, l'a toujours pris pour un fou. Je guette ma fille. « Tout va bien se passer », c'est obligé maintenant, je l'ai promis à Thelma. Je regarde ma mère prendre des photos, je surveille mon bébé dans le coin de la pièce. L'obstétricien me dit que je suis faite pour en avoir douze, que c'était une affaire entre nous deux, cette naissance, un travail d'équipe, qu'il n'y avait besoin de personne d'autre pour m'aider, et surtout pas de *lui*. Il répète que je suis forte, veut me convaincre de l'impossible. Il est fier du gang que nous avons formé le temps de cette naissance, c'était nous contre le monde entier, contre l'univers, et ce qui pouvait se passer autour ne comptait pas, c'était la vie contre le reste. Je ris, c'est nerveux. Sans père, je réponds qu'un enfant c'est peut-être suffisant ! Il me dit qu'un père, j'en trouverai un autre. Il est confiant. Il ne sait pas que je ne veux plus jamais entendre parler des hommes, il ne sait pas que je les déteste tous depuis cette nuit.

On met un bonnet sur le petit crâne de Thelma. Elle n'a pas l'air inquiète, elle sourit, il paraît que c'est rare, un nouveau-né si paisible. Je me dis qu'elle est en paix, elle doit penser que rien ne peut plus lui arriver, que je suis là, qu'elle est en sécurité à jamais puisque « tout va bien se passer ». C'est sa première certitude de bébé.

On est lundi, le début de tout, il continue de pleuvoir dehors et je suis mère depuis dix-sept minutes.

Maman a peur. J'essaie de ne pas l'effrayer, je lui montre que je suis en pleine forme. Je remue les bras quand on me le demande. Puis les jambes. Je crie un peu, mais pas trop fort, maman est encore fragile, je ne veux pas la casser, j'en ai besoin pour longtemps. Je voudrais qu'elle appelle marraine. Marraine sait toujours quoi faire, elle rassure maman, elle l'apaise. Il y a encore quelques jours, quand maman avait tellement peur que je lui fasse si mal en sortant, c'est marraine qui lui disait que tout allait bien se passer.

Je n'imaginais pas maman comme ça, elle a l'air d'une enfant. Elle est tellement fine, je ne sais pas où elle m'a mise tout ce temps. Maman, je la connais par cœur. Elle, elle va devoir m'apprendre, elle vient de me rencontrer. Moi, je pourrais la réciter, comme les poésies, strophe après strophe. Je me souviens de celui qui la rendait folle, par exemple. Je sentais ses nerfs se coincer à l'intérieur et ses joues qu'elle mordait pour ne pas crier. Elle a pris soin de se calmer, chaque fois, elle veut me protéger depuis que j'existe. J'ai bien compris qu'il ne serait pas là aujourd'hui. C'était cette nuit, j'étais encore à l'intérieur, maman a sorti son téléphone, il venait de lui envoyer un message, et, à partir de ce moment-là, c'était à moi de m'occuper d'elle, je suis devenue responsable in utero. *Elle, elle était trop occupée à me faire croire qu'elle ne pleurait pas. Il y avait sa maman à elle, dans le lit d'à côté. On était toutes les trois à l'hôtel près de la maternité, entre filles. Jusqu'à une heure vingt-huit du matin, jusqu'au message sur son téléphone, c'était amusant. Puis maman a essuyé chaque larme qui débordait. Je crois qu'elle ne voulait pas réveiller sa maman à elle. C'est un truc de famille, les filles ont peur d'effrayer les mères, chez nous. Moi, à cet instant-là, j'ai compris qu'il allait falloir que j'apprenne vite. Maman n'était pas en état de rater ma naissance, fallait que ça roule. Son copain Pascal disait toujours ça quand j'étais à l'intérieur : « Ça roule ! » Alors, pendant ce qui restait de nuit, j'ai répété chaque mouvement, on aurait cru un ballet de l'Opéra de Paris, maman en regardait plein quand j'étais dans son ventre. Ça ne devait surtout pas être comme au cinéma, on ne referait pas la prise, maman n'avait plus la force pour ça. Il paraît que certains bébés mettent un tour de cadran à sortir, je le sais, on a raconté toutes les pires naissances à maman pendant que j'étais dedans. Certaines dames mettaient la main sur son ventre en racontant leurs horreurs, elles disaient : « Toi, n'écoute pas », comme si ça pouvait suffire à me rendre sourde. Finalement, je m'en suis bien tirée. Maman n'a pas eu le temps d'avoir mal. C'est ce que je voulais. On m'a mise contre elle, je n'ai pas vu grand-chose, des taches de lumière, et j'ai senti l'odeur de sa peau. J'ai reconnu sa chaleur et sa voix. Elle ne sonnait plus pareil, elle résonnait différemment. Maman, quand on m'a posée contre elle, c'était comme si je la connaissais depuis mille ans.*

À cette seconde, l'une des toutes premières de ma vie, j'ai su que j'allais prendre soin d'elle.

Elle renifle fort, elle a de l'eau plein le visage, je sais qu'elle est cassée à l'intérieur, j'ai tout vu s'effriter pendant la nuit. Il faut que je la rassure, puis que je lui trouve un papa, parce que, elle, elle ne fait pas ça très bien. Moi, ça n'a pas trop d'importance si je n'ai pas de papa, j'ai une maman, ça suffit. Une maman entière pour moi toute seule. Mais maman, elle ne va pas y arriver sans papa, elle dit qu'elle va y arriver, mais je ne la crois pas.

Je voudrais lui parler, lui chanter une berceuse, l'emmener loin en licorne, la faire voler sur un albatros, je voudrais tout plutôt que de la sentir si triste. Si seulement je pouvais au moins dire quelque chose, si je pouvais articuler quelques mots, je lui murmurerais comme elle, mais en y croyant vraiment, je lui répéterais : « Tout va bien se passer. »

Le temps va de plus en plus vite. Ma fille est née depuis déjà deux heures. Les amis appellent, ils veulent me féliciter, exigent des photos, des impressions, ses ressemblances, son caractère, des mots précis sur mon immense bonheur, ceux qu'ils ont entendus quand leurs enfants sont nés, ceux qu'ils ont pensés. Et puis ils cherchent à savoir si c'était la même histoire que la leur, la même naissance, les mêmes gestes, les mêmes frayeurs, si la sage-femme est bien venue prendre l'enfant pour lui faire une batterie d'examens, si ma chambre est jolie, si elle est grande ou bien petite, lumineuse ou sinistre, combien de temps ça a duré, si j'ai eu mal. Ils s'intéressent. Je ne sais pas quoi leur répondre, si je suis follement heureuse ou affreusement triste. Ils aimeraient venir, visiter la mère et l'enfant, personne ne parle du père, il n'existe pas, je n'ai rien dit et pourtant il est déjà exclu des conversations. On ne me demande rien sur lui, on ne l'évoque pas, on agit comme s'il avait disparu dans un éboulement de montagne, personne ne souhaite rouvrir la plaie vive de son absence. On l'évite. On ignore même son souvenir. Je sais que ma mère s'est chargée du grand ménage. Elle n'a jamais été à la hauteur des autres mères, mais cette naissance entre filles, elle veut que j'en garde un joli souvenir. Alors elle dépasse toutes les mères du monde sur la dernière ligne droite. Elle envoie des textos en cachette, fait venir des bruits joyeux dans ma chambre, des paquets à débordement, et des fleurs, bien que ce soit interdit. Elle rit beaucoup, c'est nerveux. Elle trouve l'enfant parfaite, elle trouve *mon* enfant parfaite, c'est la première fois que ce que je fais lui convient. C'est la première fois qu'elle paraît fière de moi. Les sages-femmes ont abandonné l'idée de nous expliquer que les plantes étaient proscrites dans les chambres, au même titre que la nourriture. « Mais c'est tellement mauvais ce qu'on mange chez vous ! » ai-je protesté. La blouse rose a ri, elle prend soin de moi, me parle de la psychologue qui peut me recevoir si j'en éprouve le besoin, ajoute que je ne suis pas la seule, que d'autres femmes aussi pensaient repartir de cette chambre à trois plutôt qu'à deux. Je me fous des autres femmes.

Louise veut savoir si sa filleule est née. Et comment ça s'est passé. Et si je suis heureuse. Je ne réponds à aucun de ses messages. J'attends qu'il soit minuit, pour qu'elle ne trouve mon texto que le lendemain. Je ne sais pas mentir à Louise, mais je n'ai pas la force de lui dire qu'*il* a décidé de nous quitter avant que Thelma n'arrive, qu'*il* ne l'apercevra que le temps de me rendre les clés de l'appartement, que j'ai raté cette chose-là : ma famille. La marraine de ma fille est italienne, la famille, pour elle, c'est sacré, je veux qu'elle soit fière de moi, je ne peux pas lui avouer cet échec, pas tout de suite, pas maintenant. Demain. Alors, pour l'instant, je préfère être confrontée à un téléphone éteint. Je lui écris juste que Thelma est née, que sa filleule est belle comme le jour et qu'elle a l'air paisible. Je lui raconte que Thelma a déjà la prévenance des jeunes filles bien élevées : qu'elle est arrivée en toute discrétion, sans déranger. Ma fille est venue au monde le temps de deux macarons et d'une tasse de thé. Je renchéris : elle est si délicate, et déjà trop sage, elle se laisse prendre dans les bras par tous, son visage évoque une porcelaine, sa bouche est parfaitement dessinée, ses yeux ressemblent aux siens, vraiment, elle tient tout de sa marraine. Puis je conclus, parce qu'il faut bien conclure : *il* est parti, l'appartement sera vidé de ses affaires dès demain et notre maison redeviendra la mienne sans délai. J'appuie sur « Envoi » et repose le téléphone quand la sonnerie retentit. Cette scène dure à peine quelques secondes, le téléphone de Louise n'était pas éteint, j'aurais dû attendre une heure de plus.

Louise prend soin de moi comme d'une enfant malade. Je ressens toute la bienveillance de l'univers dans chacun de ses mots. Elle m'apaise, me dit que j'aurais dû la prévenir plus tôt, bien plus tôt, qu'elle serait venue immédiatement. Il est bientôt une heure du matin et la marraine de Thelma m'attrape par la manche et me ramène du côté éclairé de la route, elle m'interdit d'être triste, me promet qu'elle sera là demain, me répète que ma famille est parfaite, la plus jolie famille du monde, que Thelma, moi et les miens, ceux qu'on choisira, ensemble, on formera une famille merveilleuse.

Je me rappelle qu'après avoir raccroché, il était presque deux heures. Je me souviens aussi d'avoir eu honte de ne pas réussir à la remercier avec des mots d'adulte. Alors j'ai pris une photo de ma fille, près de moi, et sur mon téléphone j'ai tapé un « Merci » accompagné de quelques phrases attribuées à Thelma. C'était de la gratitude en syllabes de bébé, je n'étais pas capable d'autre chose, j'étais cette personne qui voit sa vie défiler sous ses yeux et appelle sa mère à l'aide : « Maman ! »

Louise a compris tout cela. Avant de raccrocher, elle m'a répété comme un mantra : « Tout va bien se passer. »

Le lendemain matin, il est neuf heures et la sage-femme veut savoir si j'ai bien dormi. Mon bébé ouvre tout juste les yeux, elle ne pleure toujours pas. Blouse rose demande si je l'ai bien nourrie cette nuit, je n'ose pas lui avouer qu'après l'appel de Louise je me suis effondrée de fatigue, je ne lui dis pas non plus que l'enfant n'a rien réclamé, que Thelma a dormi comme elle semble trouver déjà normal de le faire une fois la lumière éteinte. Pour éviter qu'elle me juge si vite, qu'elle me prenne pour une mauvaise mère, je lui réponds que oui, évidemment, j'ai réveillé ma fille pour lui donner son biberon à quatre heures du matin, je ne l'aurais pas laissée s'affamer de vingt et une heures à neuf heures, voyons. Blouse rose est rassurée, tandis que je me sens soudain irresponsable, capable de laisser mourir de faim mon enfant à un jour de sa naissance. Mauvaise fille, mère déjà ratée. J'ai envie de pleurer, ça remonte plus fort que la veille.

Thelma entrouvre ses mini-persiennes, déplie ses petits bras et tourne son visage vers le mien. Je sais qu'elle ne me voit pas et pourtant je sens son regard. Elle a faim. Je dois profiter d'elle, renifler son odeur jusqu'à l'ivresse. J'aimerais me cacher dans son cou miniature et ne plus jamais réapparaître. Tout à l'heure, mes amis arriveront, pour que je ne reste pas seule. La maternité aura rarement vu pareil défilé. Et puis Louise a promis de passer, elle aussi. Elle s'inquiète pour nous. Bientôt, Thelma ne sera déjà plus à moi, elle passera de bras en bras, elle posera pour les photos, des odeurs toutes différentes voudront lui donner son biberon, caresser ses joues roses, observer la couleur de ses yeux. Ses yeux… Je n'ai même pas regardé leur teinte. Je sais que tous les bébés ont les yeux bleus, leur véritable nuance se révèle au fil des mois, alors je verrai bien plus tard, j'ai toute la vie pour ça, et pour le reste aussi. J'ai pourtant repéré ses oreilles à la naissance, microscopiques comme les miennes. Quand j'étais adolescente, un ami s'amusait à m'appeler « Micro-machine » pour se moquer de leur petite taille. Il disait ça avec le sourire : « Comment vas-tu, Micro-machine ? » Je crois me souvenir que Franck mesurait un peu plus de deux mètres, nous n'avions pas seize ans. Il m'a fallu des années pour apprécier mes petits pavillons quand je voyais les copines pleurer sur leurs immenses éventails qui faisaient face à la route. Pour le moment, je veux me droguer au parfum de la peau de ma fille. Mais je n'ose rien faire, j'ai peur de l'abîmer. Je la prends contre moi, je la regarde dans toute sa quiétude. Elle est sereine.

Blouse rose me remontre encore une fois les biberons, la tétine à visser, c'est si petit, un nourrisson, je ne me souviens pas que mes poupées d'enfant aient eu l'air à ce point fragiles. Je cherche l'étiquette, une notice de lavage au creux de ses jambes. Je me dis que Thelma ne peut pas être vraie, les bébés pleurent, crient, les bébés ne dorment pas la nuit. Je le sais, on me l'a raconté. Toutes mes amies m'ont décrit par le menu leurs nuits blanc lavabo et les tétées qui n'en finissent pas. J'ai le sentiment irrationnel que Thelma essaie de ne pas m'embêter, qu'elle comprend tout, qu'elle cherche à ne surtout pas ajouter de complications à ma peine. Elle pourrait disparaître complètement qu'elle le ferait peut-être. Elle veut devenir encore plus petite qu'une miniature chinoise. Elle se fond dans mes bras, m'apaise, respire calmement, lentement, comme si j'avais tout le temps qu'il faut pour régler mes problèmes. Et elle sent qu'il y en a, des problèmes, forcément. Comment appelle-t-on cette façon de se projeter sur son bébé ? Je connais cette habitude des êtres humains de calquer leurs sentiments sur les animaux, mais celle de prêter aux nouveau-nés les pensées des adultes doit bien être répertoriée quelque part. Il faut reprendre pied, ne pas oublier que ma toute petite fille a besoin de moi, faire avancer le temps jusqu'à ce moment où l'on se demande quelle histoire on a pleurée, au bout du compte. Cet instant où l'on se dit que la vie a merveilleusement fait les choses. Cette seconde où ça bascule et où les pires punitions deviennent des changements de cap magnifiques. Cette seconde n'est pas encore là. Elle peut rester tapie des heures durant, fourbe, tandis que je me regarde me vider de toutes les larmes de mon corps, imaginant l'appartement vide, m'inquiétant pour le chien, abandonné, seul avec mes affaires. Elle se moque de moi, la seconde qui tarde toujours trop, de mes craintes néo-maternelles, de mes inquiétudes pour le quotidien à venir, de cette situation que je n'avais pas prévue et qu'il va pourtant falloir apprivoiser.

Les premiers amis commencent à envahir ma chambre. Notre chambre. Je dois m'habituer à cela, ne plus être seule. Plus rien n'est complètement à moi désormais, plus aucune décision ne peut se prendre sans le temps de la réflexion, plus aucun moment de la vie ne sera comme les précédents.

Je me demande si je ne suis pas trop égoïste pour tout ça. On s'extasie devant le sourire gracieux de l'enfant, de nouveau endormie, on m'interpelle sur l'avenir, on m'incite à voir loin, très loin, après la maternité. Je refuse de penser à ma vie future, je ne suis pas encore prête, je veux que nos cinq jours ici durent la vie, je suis d'accord pour attraper tous les virus de l'univers pour rester plus longtemps, je ne sais rien de la vie au-delà de la porte de ma chambre, je ne suis pas sortie de ces quatre murs depuis vingt-quatre heures. Les amis viennent à moi, les repas aussi. Les confiseries, les cadeaux, les vêtements pour Thelma, les conversations, les rires, les divertissements, les insurrections contre *lui*. Tout vient à moi sans que j'aie à quitter mon lit. On me dit que d'autres mères vivent au même étage, que leurs bébés pleurent la nuit, que les cernes se creusent sur leur visage. Une sage-femme s'amuse : « Ne dites pas que votre fille dort si bien, vous risqueriez d'en énerver quelques-unes. » Je ne prends aucun risque, Blouse rose ne soupçonne pas que ma vie entière est dans cette chambre, depuis qu'on m'y a amenée la veille en fauteuil roulant, juste après la naissance de l'enfant. J'ai peur de tout, même du couloir. Il est l'extérieur, il est le monde et je ne veux rien avoir à faire avec lui. Le monde est trop dur encore, je ne suis pas armée pour lui faire face, j'aimerais ne plus bouger de mon lit, qu'on continue de venir contrôler le sang qui s'en va, le ventre qui s'aplanit, la tension. Qu'on rebranche sur moi le moniteur, pour vérifier que je suis bien en vie.

Elles sont sept dans ma chambre, sept jeunes femmes, il est bientôt midi. Vu du ciel, on pourrait croire à une soirée pyjama qui aurait trop duré. L'une de mes amies demande à donner le biberon à Thelma, mais elle a peur de me priver. Au contraire, je suis absolument convaincue qu'elle fera ça mieux que moi. Chacune a des enfants, de grands enfants même. C'est comme avoir passé son diplôme de mère confirmée que d'avoir de grands enfants. Le plateau-repas fade arrive en même temps que Louise. Elle s'installe au bout du lit. Mes amies sont impressionnées, je crois. Louise est magnétique, charismatique. Elle arrive à me faire rire. En dix minutes, elle a achevé d'une lame de couteau brillamment aiguisée le souvenir même de l'absent. La marraine de Thelma ne voit toujours que demain, hier n'existe pas. C'est sa force et elle veut me la transmettre. Nous devons nous organiser, prévoir ma sortie d'ici, notre sortie. Nous n'irons pas chez moi, elle évoque le *baby blues* qui touche toutes les femmes, quelle que soit leur situation. Mes amies acquiescent. Elles approuvent à l'unanimité la prise en charge des opérations par Louise, qui note discrètement la marque du lait utilisé dans l'établissement, m'explique qu'il ne faut pas changer trop vite les habitudes d'un nouveau-né en la matière. Elle me dit qu'elle s'occupe de tout, que si mon départ de la maternité est prévu pour jeudi, alors je dormirai chez elle jeudi soir. Nous dormirons chez elle. Elle trouvera quelqu'un pour m'apprendre comment prendre soin de Thelma, elle me réapprendra comment prendre soin de moi, elle ne me laissera pas, elle me répète qu'elle ne me laissera pas. Elle veut que je me ressaisisse, tape du poing sur le lit pour m'interdire de pleurer. L'enfant est merveilleuse et sereine, voilà une raison de sourire, m'assure-t-elle. Louise a raison. Autour de Thelma, nous ferons bloc.

Quand elle quitte la pièce je me sens plus forte, je suis devenue membre d'un clan indestructible, je peux faire tomber les murs de cette chambre à la force du doigt, je peux regarder Thelma en face sans avoir peur de mal faire, et crier qu'à deux, plus le chien, nous formerons une famille, un clan indissociable. Après le départ de Louise, je sens que seuls compteront désormais ceux qui restent. Les absents n'existent plus. Quand Louise sort de ma chambre, je sais que je dois reconstruire ma vie de zéro pour Thelma, comme un grand chantier écroulé dont il faudrait rebâtir les fondations, et que rien ne sera vraiment grave tant que Thelma gardera cette confiance et cette sérénité paranormales accrochées à son petit visage. Quand Louise s'en va, je ne suis plus seule, je me prends pour l'enfant naturelle de Superman. Alors seulement, je prends conscience qu'elle a quitté la pièce et je voudrais hurler pour qu'elle revienne.

La vie est étrange dans les maternités, comme sans doute dans tous les autres services des hôpitaux. Le temps est arrêté, et avec lui les responsabilités, les problèmes, le courrier, les factures, le ménage, les courses, le chien à sortir. Être « patient », « interné » est sans doute ce qui rapproche le plus de l'état d'enfance. On vous demande à longueur de temps si tout va bien, si vous n'avez pas trop chaud, ou trop froid, faim ou soif. On veut que vous soyez au mieux, dans les meilleures conditions. C'est agréable, rassurant. Ici, je suis une gamine, on prend en charge chaque minute de ma vie, jusqu'à mon pipi, dont on inspecte la couleur. Mon amie normande est allée chercher le chien à la maison, elle a fait une heure de route puis une heure d'embouteillages pour venir récupérer mes clés à Necker, puis encore une demi-heure pour se rendre à l'appartement. Pour rejoindre une nouvelle fois la maternité, trois quarts d'heure supplémentaires – il y avait du monde sur la route –, enfin une heure de plus pour quitter Paris. Quand elle m'a finalement rendu les clés, j'ai imaginé le chien à l'arrière de la voiture, la truffe craintive de l'animal que l'on laisse dans un véhicule étranger, dans une rue qui n'est pas la sienne, avec une conductrice qui n'a pas l'odeur de sa maîtresse. J'ai voulu quitter l'établissement le temps de lui faire une caresse entre les omoplates. Puis j'ai regardé ma fille et son tout petit body bouger au rythme de son cœur, j'aurais pu la confier aux amies postées telles des sentinelles aux quatre coins de la pièce, mais je n'ai pas eu le courage de partir loin d'elle, même dix minutes, même le temps d'une caresse à l'animal. Dehors était trop froid, dehors était trop vrai, dehors m'aurait rappelé que le monde n'avait pas cessé de tourner deux jours plus tôt, dans la nuit, quand j'avais reçu *son* SMS et que mon chien s'était retrouvé seul dans le salon. Dehors était encore impossible pour moi. Mon amie m'a raconté la bête qui s'était presque jetée sur elle comme si elle avait été la dernière habitante sur Terre. Puis elle est partie et j'ai continué de regarder la vie de l'autre côté de la fenêtre tandis que les veilleuses ne cessaient de photographier l'enfant tout en lui cherchant des ressemblances avec moi, ou bien encore avec ma mère, ou encore avec quelque autre obscure personne de ma famille que je n'avais jamais vue. « Elle a les mains de ton grand-père. » On a toujours dit la même chose de moi et, auparavant, de ma mère. Les titres de propriété sont souvent douteux en la matière, chacun voit ce qu'il veut.

En écoutant ces commentaires, je repense au chien. Il n'était pas sorti depuis vingt-quatre heures quand ma merveilleuse amie l'a enfin délivré, lui qui avait été abandonné de la même façon que moi et Thelma, lâché du jour au lendemain car son sort n'intéressait plus. Devenu transparent comme par magie, indigne ne serait-ce que d'un regard. Elle m'a dit qu'il était fébrile, inquiet, affamé, qu'il avait dévalé les quatre étages pour arroser le premier arbre qui fait face à l'immeuble. Je le connais par cœur, cet arbre, c'est celui sur lequel il ne s'arrête d'ordinaire jamais, un peu snob le cabot, trop chétif l'arbrisseau. Mais l'urgence ne laisse pas de place à la bourgeoisie canine – vingt-quatre heures sans se soulager, quand même. J'imagine mon chien à qui j'ai donné rendez-vous dans cinq jours il y a bientôt deux nuits. Je lui ai crié : « Je reviens ! » comme je le fais chaque fois que je quitte brièvement l'appartement. Je lui ai expliqué que nous serions une de plus à mon retour, moi et une toute petite personne dont la place pourrait vite devenir immense. Je lui ai rappelé l'importance de ne pas être jaloux, en imaginant qu'il pourrait comprendre cette vérité. Notre appartement deviendrait donc un lieu familial, en le lui disant je voulais assimiler l'idée, conceptualiser demain. J'y croyais très fort au moment où je lui parlais. Le chien n'a sans doute pas saisi ce qui se jouait quand il a vu les lieux se vider dès la nuit venue. Il a dû penser à un abandon déguisé, me haïr de l'avoir trahi. Il aura observé, silencieux, les sacs du « géniteur » sortir un à un, puis ses quelques objets personnels, et enfin même les couteaux de cuisine. Il aura vu l'homme faire des allers-retours dans l'escalier sans un mot pour lui, ses parents en déménageurs improvisés. Il aura cherché leurs caresses, ils auront fui ses mouvements fébriles, la crainte dans ses yeux, aussi. Ils ne l'auront pas regardé en face, aucun des trois ne l'aura regardé en face. Il faut beaucoup de courage pour regarder un animal dans les yeux quand on part sans lui dire au revoir.

Au moment d'admirer Paris qui s'étale en panoramique derrière la fenêtre de ma chambre, je songe qu'à l'heure qu'il est mon chien doit regarder le paysage normand défiler par les vitres de la voiture. Il connaît par cœur les routes du bocage et commence à deviner notre destination dès la nationale, après l'A 13. Au moment de traverser Chaufour, ce minuscule bourg de sortie d'autoroute, il calcule déjà le temps qu'il reste à parcourir avant de pouvoir courir dans les champs. Là-bas, il se promènera deux heures par jour, il retournera la terre riche des agriculteurs avec la chienne de mes amis, ils transformeront les plantations sagement alignées en couloirs de course de fond. J'espère qu'il est heureux. Je ne sais pas quand je reverrai mon chien, je l'imagine déjà en aîné protecteur de Thelma alors que, peut-être, il la haïra. Mon chien s'appelle Flaubert. Il a un bon fond, c'est un braque de Weimar vif à la voix grave.

Il faut que je trouve un papa à maman. Elle croit qu'elle n'en veut plus, mais en vrai, je sais que seul un papa saura la réparer. Moi, je peux la rendre heureuse, mais sans papa, elle restera friable, comme la porcelaine des tasses à café trop fissurée par le ressac du lave-vaisselle. Ces tasses-là, un jour, on verse l'eau noire dedans et elles éclatent d'un coup, personne ne comprend, car personne n'a rien vu venir. C'est arrivé une fois à maman quand j'étais dans son ventre, il y avait du thé plein ses mains et même sur ses bras et sur son ventre, du thé brûlant, à l'intérieur il faisait plus chaud ce jour-là. Je ne veux pas que maman éclate comme une tasse à café. Le problème, c'est que je n'entends que des voix de femmes. Je ne sais pas vraiment ce que ça veut dire, « amazone », mais le meilleur ami de maman, quand il venait à la maison et que maman était avec ses copines, il disait toujours : « C'est un rassemblement d'amazones, ici ! » Comme notre chambre aujourd'hui. À croire que les maternités sont interdites aux hommes. Pour maman, je veux le papa parfait, et ne plus jamais sentir tout son intérieur qui s'effrite, même de dehors. Dedans, maman, c'est une jolie maison, mais les murs tiennent comme ils peuvent et le papa que je vais lui trouver, il va falloir qu'il cimente, qu'il colmate, qu'il consolide tout ça, parce que là, c'est sens dessus dessous. Je n'y suis plus, mais je le sais, j'ai bien vu le bazar que c'était quand j'en suis partie. Ce papa-là, faudra qu'il soit en béton armé !

J'essaie d'écouter ce qui se dit, je ne comprends pas tout mais je me concentre. Pas facile de remettre les conversations d'aujourd'hui à la suite de celles d'avant. J'entends maman tellement fière de mon silence la nuit, elle dit que je suis un bébé magique ! Pourtant, je ne sais rien faire apparaître, moi, je fais plutôt disparaître. Le lait, le ventre, les gens. Toutes les copines de maman ont l'air de trouver extraordinaire que je ne me réveille pas à quatre heures du matin pour réclamer mon biberon. Je ne ferais jamais une chose pareille à maman, elle dort déjà tellement peu. Maman raconte que j'étais parfaite dans son ventre, que je ne l'ai jamais empêchée de dormir, que je n'ai jamais tapé sa peau. Pourquoi j'aurais fait ça ? Je trouve l'idée étrange, je ne veux pas faire de mal à maman. Le monsieur que j'entendais une fois par mois entre dans la pièce. Je reconnais sa voix douce. Jamais personne ne venait comme lui si près de moi. Une fois, je me souviens, il a touché ma tête. C'était bizarre comme sensation. Maman a beaucoup ri. Elle était tout le temps seule pour aller le voir. Il faisait des photos de moi, vérifiait que maman se portait bien, il s'occupait beaucoup d'elle. Elle pouvait toujours l'appeler, si elle avait peur, si elle avait mal, même si elle n'avait rien. Elle ne l'a jamais fait, mais elle avait le droit de le faire, je crois que ça lui faisait du bien de le savoir. Quand je suis sortie, il était là pour m'aider, et puis pour empêcher maman de pleurer, aussi. Il lui répétait qu'ils étaient deux, qu'ils n'avaient besoin de personne d'autre pour y arriver, que c'était une affaire entre eux et moi et que tout allait très bien se passer. Oui, il répétait ça : « Tout va bien se passer. »

Et puis je suis sortie. J'ai voulu dire que quelque chose n'allait pas, que j'avais mal ici, ou là, n'importe où pour rester encore un peu plus entre ces quatre murs. Louise m'écrivait qu'elle m'attendait, que tout le monde m'attendait chez elle, qu'ils étaient prêts. Elle me parlait des affaires de la petite qu'elle avait déjà achetées, de la chambre qui était préparée, de la dame qui viendrait demain nous rencontrer, Thelma et moi, et qui m'apprendrait les bébés, mon bébé. Elle m'écrivait de ne pas m'inquiéter, qu'elle serait là pour m'accueillir, que j'allais me reposer, envisager la suite, poser ma vie à plat sur une table et voir ce que je voulais en faire. On parlait de mon avenir comme d'une carte routière, comme d'un chemin à choisir pour aller de façon certaine vers une destination à laquelle on aurait mûrement réfléchi. Le tout était de choisir l'objectif du voyage, le lieu d'arrivée. Je n'ai jamais aimé les voyages, les changements de rythme m'ont toujours effrayée, je suis de ceux que les habitudes rassurent, surtout quand elles sont bonnes.

J'ai regroupé les petits vêtements offerts par tous, les ai pliés soigneusement en minuscules piles sur le lit. J'ai mis de côté mes affaires et celles de l'enfant, ramassé ma trousse de toilette dont je ne m'étais presque pas servie. J'étais sale. Je me suis rendu compte que j'étais crasseuse et l'idée m'en est devenue tout à coup insupportable. Mais cette salle de bains me faisait peur. C'était une salle de bains de malade ou de handicapé. Avec des rampes un peu partout, des rampes pour se tenir quand on fait pipi, pour ne pas être complètement démunie sous la douche. Je m'étais lavée le soir de la naissance. La seule fois en cinq jours. Le rideau de plastique m'avait collé à la peau, cette sensation me dérangeait encore. Et puis le sol de la salle de bains était un grand receveur d'eau, j'avais l'impression que le siphon allait m'aspirer tout entière pendant que je me lavais les dents. « C'est plus simple pour le nettoyage, on lave à grands jets et on n'en parle plus. » La femme de ménage m'avait expliqué ça dès mon deuxième jour ici. Je ne sais pas pourquoi, mais j'avais pensé aux malades de la peste qu'on saupoudrait de soufre dans les fosses communes. Plus propre, oui, c'est ça, plus propre.

Hormis la salle de bains, tout me plaisait ici. En regardant le couffin blanc à broderie anglaise posé sur le sol, je me suis aperçue que je n'avais rien prévu pour sécuriser l'enfant durant les trajets en voiture. Alors je me suis dit que Thelma irait chez Louise dans mes bras, serrée contre moi, je me suis convaincue que c'était encore l'endroit où elle serait le plus en sécurité. J'avais tort et je le savais. Mes bras ne pourraient rien faire contre un bus lancé à pleine vitesse sur la portière avant droite de la voiture, ou même contre une simple moto qui forcerait la priorité. Je lui ai mis une petite combinaison rose pâle qui lui donnait l'air d'un microscopique Bibendum ou bien encore de la plus petite skieuse de l'humanité. Elle était engoncée dans cet ensemble taille huit mois, elle qui n'en avait même pas un, pas même encore une semaine. C'était l'une de mes plus proches amies qui m'en avait fait cadeau, vestige de ses deux filles désormais grandes. Elle m'avait confié que chacune à son tour était sortie de la maternité avec cette enveloppe rembourrée de plumes. Chaque partie du corps y était parfaitement dissimulée, la capuche ne faisait qu'un tout avec le blouson, le pantalon, les chaussons imperméables et même les moufles. Je n'avais plus un bébé, j'avais une minuscule poupée incapable de mouvement, elle était comme figée, tellement entravée dans ses gestes qu'on aurait pu la croire inanimée de l'intérieur. Pourtant, à bien regarder son visage paisible, toute la vie qui émanait d'elle ne faisait aucun doute, fût-elle complètement incapable de la moindre action. De façon parfaitement inepte, j'avais la douce sensation qu'elle n'en était que mieux protégée pour cette traversée de Paris en voiture et sans équipement. Comme si les plumes pouvaient constituer une armure contre la tôle froissée par un possible accident.

Dans le taxi qui m'amène chez Louise, je me sens incapable d'apporter ne serait-ce que le strict nécessaire à l'enfant. Je me rends compte que je n'ai rien de ce qu'il faut avoir, j'ai volé le paquet de couches entamé que la maternité avait mis à disposition dans ma chambre, ainsi que l'échantillon de crème lavante et le lait hydratant. Je me souviens tout d'un coup que la sage-femme prenait chaque jour la température de mon bébé à l'aide d'un thermomètre électronique qu'elle lui glissait sous le bras. Je hurle au taxi de s'arrêter, lui glisse l'enfant dans les bras et déboule dans une pharmacie à l'angle de deux rues sur notre chemin. Je demande un thermomètre électronique vert pâle comme si ma vie en dépendait. La pharmacienne m'interroge : Pourquoi vert pâle ? Me dit qu'elle ne pense avoir que du rose. J'insiste pour qu'elle me trouve le même qu'à la maternité, je tiens à faire les choses parfaitement bien, je ne veux pas tout rater dans cette naissance. Il me faut un thermomètre vert pâle, je suis prête à pleurer pour mon thermomètre vert pâle, les larmes montent, je supplie la jeune femme d'aller fouiller en réserve, de remuer les cartons, de vider les tiroirs. Je lis dans ses yeux qu'elle s'inquiète pour moi, elle me propose du magnésium en plus du thermomètre, me parle des hormones et de leur action étrange sur l'humeur des femmes après une naissance, s'enquiert de savoir si je suis entourée, s'assure que je ne suis pas seule. Et puis, enfin, elle me trouve mon thermomètre électronique vert pâle. Je remonte dans le taxi certaine d'avoir accompli ma première action de mère ultra-responsable, même si je ne rêve que de m'effondrer en larmes dans les bras de Louise.

Je regarde les rues défiler, rien n'a changé. Ma vie a subi une révolution en cinq jours, toutes les cartes de mon avenir ont été rebattues et, dehors, les trottoirs sont restés au même endroit. Les piétons traversent en dehors des clous comme avant la naissance, comme avant *son* départ, les travaux sont partout comme une semaine plus tôt, les regards sont exaspérés comme avant, les gens pressés, les conducteurs ulcérés.

Puis on a fini par arriver. Louise était là, avec son grand sourire qui pourrait rassurer un condamné à mort, elle a pris nos sacs, de façon aussi désinvolte que s'ils ne pesaient rien alors que je n'arrivais pas à en soulever un seul, a demandé à quelqu'un qui la suivait de s'occuper du couffin. J'ai serré Thelma contre moi et, quand le portail s'est refermé derrière nous, j'ai enfin pensé que rien ne pouvait plus nous arriver. Pour la première fois depuis cinq jours j'ai eu, un peu, confiance en demain.

Louise ne lâche pas l'enfant des yeux. Elle la couve de son regard de louve. Louise a pensé à tout, elle a devancé chacun de nos besoins, même ceux que j'ignorais encore. Louise a deux enfants et la passion des nouveau-nés. Elle sait mieux que moi les produits, les marques et les erreurs à ne pas commettre. Elle connaît les panneaux publicitaires mensongers et les recettes de grand-mère efficaces. Thelma devient vite le dernier bébé de la famille et moi une sorte de jeune cousine un peu trop abîmée pour gérer les choses en ce moment. J'aime Louise comme une sœur, car elle distingue le temps du chaos de celui de la reconstruction. Elle ne m'autorisera pas à transformer mes pleurs en laisser-aller quotidien. Elle me dira le moment de me relever. Mais, pour l'instant, elle me permet de m'effondrer et prend garde que l'enfant ne tombe pas avec moi. Toute la maison s'inquiète de mes absences, fussent-elles de courte durée. On me retrouve régulièrement en larmes dans les bras des uns ou des autres, la maisonnée forme vite un clan autour de ma fille et moi, un clan splendide et merveilleux qui me répare chaque jour un peu plus.

Ludi fait partie de ce clan. Ludi est une femme aux pouvoirs magiques, une Philippine fière de chacun des neuf enfants qu'elle a élevés et dont elle garde en permanence un souvenir dans son sac. Ludi est une receleuse de tétines, une femme au sourire rassurant qui parle aussi mal anglais que moi et avec qui, pourtant, la communication est immédiatement passée. Chaque jour, elle reste huit heures à mes côtés, m'explique ma fille dans les moindres détails, me conte ses habitudes de nouveau-né, me prépare pour le futur mieux que les livres et m'impose de penser à moi en me reposant sur elle.

De son côté, Louise planifie mon retour à l'appartement, elle juge que revenir d'un coup serait une erreur. Alors, elle organise un ballet en trois actes. D'abord, aller seule à la maison, laisser Thelma à Ludi le temps d'un après-midi, m'habituer aux murs sans *lui*, et faire le grand ménage. Louise connaît ma maniaquerie, sait que les fuyards ne rangent jamais. Elle sait qu'il va me falloir laver, récurer, frotter, dépoussiérer jusqu'à effacer toutes ses traces, pour qu'il n'en reste pas même une vieille odeur. Deuxième acte, revenir le lendemain, me réapproprier l'espace vide, faire les courses, remplir le réfrigérateur, les placards, prévoir le nécessaire pour l'enfant, faire le plein de couches, de lait en poudre, d'eau minérale, de crème, faire son lit. Enfin, réintégrer les lieux. Mais avec Ludi ! Pas question de rester seule avec mon bébé du jour au lendemain. Alors elle m'offre encore un peu d'assistance, pour me protéger même hors ses murs.

La veille de la dernière nuit, le mari de Louise cuisine lui-même un dîner simple et merveilleux pour nous trois. J'en garde à jamais, gravée dans l'âme, la photographie-souvenir du début de ma deuxième vie.

Les murs ne ressemblent à rien de ce qu'ils étaient auparavant. Je vis dans cet appartement depuis mes dix-huit ans. J'y suis rentrée avinée après mes soirées de jeune romancière, ces murs ont assisté à mes amours naissantes, à mes histoires sans lendemain, à mes lendemains sans histoire, ils ont connu mon premier, mon deuxième et mon troisième chien, mes boulots, mes amis, mes espoirs et mes déceptions. Ils ont été témoins de tout, sauf de ce qu'on appelle une « famille ». Jamais.

Je leur trouve soudain un aspect différent, les couleurs des pièces ont changé avec l'arrivée de l'enfant. Cet appartement, qui a toujours été d'une netteté à faire peur, rangé au carré, des meubles aux teintes froides et industrielles, rien pour inspirer l'enfance, semble soudain prêt à me simplifier les choses. Chaque objet forme un cocon protecteur autour de nous. L'hiver arrive, mais l'air reste chaud à l'intérieur. J'ai toujours été sensible au froid, frileuse jusqu'à l'obsession, de sorte que chaque endroit est organisé en fonction de cette nécessité absolue de garder la chaleur, de se créer un autre monde quand les jours raccourcissent. La douceur de l'atmosphère, les lumières indirectes et les bruits du bébé habillent l'espace d'une nouvelle façon, comme si chaque élément de mon univers avait attendu Thelma pour trouver son sens.

On a changé de maison. Encore. C'est la troisième que je visite depuis que je suis sortie. Mais celle-là, c'est la bonne, ça sent maman partout. Certains bruits me rappellent le temps d'avant la naissance, mais je n'arrive pas tout à fait à les identifier. Maman ne cesse de répéter que c'est tout petit chez nous. Elle dit « chez nous » comme si je vivais avec elle depuis cent ans. Moi, je trouve chaque chose immense. Je ne vois pas encore bien les détails, j'ai beau vouloir faire la mise au point, me concentrer pendant des heures, les choses sont complètement floues où que je regarde. Ludi est venue avec nous, je ne sais pas où maman la range pendant la nuit, mais elle doit bien la mettre quelque part parce qu'elle n'est jamais là à mon réveil. Quand je me lève, je crois que maman termine sa première vie, elle a déjà l'air épuisée, on dirait qu'elle a couru un marathon. Je ne fais pas de bruit, j'attends qu'elle ait toute son attention pour moi, je lui laisse terminer sa vie du matin. Dans mon lit, je regarde autour de moi et j'en conclus que les papas ne doivent pas traîner au rayon ours en peluche. Je reste là, je fais conférence avec Tit'ours et les autres, je leur demande où sont les papas pour maman, personne ne me répond. Quand maman arrive, je suis en plein interrogatoire. Elle me regarde et je laisse tout tomber pour me blottir contre elle, elle me porte de son bras droit et ouvre la fenêtre de ma chambre avec son autre main. Elle me montre la boulangerie, me dit le monde qui grouille dans les commerces du trottoir d'en face, m'explique que, quand je serai plus grande, nous irons ensemble acheter le pain là-bas, la viande à la boucherie d'à côté, les fruits et les légumes chez le primeur. Comment lui faire sentir que je ne vois rien si loin ? Elle me raconte les gens, le ciel, les odeurs, et Ludi qui va arriver. Je mets trois semaines à comprendre que tout va devoir se jouer là, devant ma chambre, quatre étages plus bas : les papas courent les rues, c'est aussi simple que ça. Il faut juste que j'arrive à en attraper un. La chose n'est pas tout de suite évidente. Tous les jours, ma nounou m'emmène au parc, on prend la poussette et on roule sans s'arrêter jusqu'au petit square qui fait l'angle d'une rue, à quelques minutes de chez nous. Là, elle discute avec d'autres Philippines, des grappes d'enfants au bout de chaque bras, des plus grands que moi, qui avancent sans roues. Puis elle me raconte en anglais ce qui va suivre. Le biberon du goûter face aux cygnes, le chemin du retour, les quatre escaliers à monter à pied, le bain, le pyjama, le dernier biberon et le lit. C'est une fois que je suis endormie que maman doit ranger Ludi. Avant ça, elle ne me lâche pas. Mais Ludi ne retient jamais les papas que l'on croise dans la rue, jamais elle ne se dit que, si nous n'aidons pas maman, elle n'y arrivera pas seule. Alors, finalement, je sais que je ne vais pouvoir compter que sur moi. Ludi peut m'aider pour le biberon et la toilette, mais pour le papa de maman, Ludi ne sert à rien.

Maman a du mal à marcher, elle a une sciatique. C'est depuis que je suis née. Du coup, elle ne sort pas beaucoup de chez nous, ça risque d'être compliqué pour trouver un papa. Quand elle part, c'est pour aller chez un spécialiste des mamans abîmées comme elle, un ostéopathe, elle l'appelle « Toto le héros » et elle en parle comme d'un sauveur. Il y a un tas d'amis à elle qui viennent à la maison, c'est un vrai défilé, les magasins à la mode au moment des soldes ! Je dis ça mais je ne connais pas les soldes, les copines de maman en parlent parfois, elles disent que c'est plein de monde, elles disent même « noir de monde », si j'ai bien compris c'est un moment de l'année où les gens vont au même endroit le visage peint en noir. Ou quelque chose comme ça. En tout cas, chez nous, il y a foule, on dirait un « bar hype *». C'est maman qui dit ça. Chaque jour, une nouvelle visite, avec des passages improvisés, ou pas du tout. Personne ne veut que maman reste une minute sans surveillance. Marraine ne laisse pas passer une semaine sans nous voir, elle s'arrange pour que nous ne manquions de rien. Il y a aussi les têtes de la maternité, et puis des amis que je n'avais jamais vus, des femmes et des hommes aussi, il y en a même qui ont l'air de beaucoup aimer maman. Parfois, je pense qu'elle va peut-être trouver un papa toute seule, alors je ne moufte pas quand certains me prennent dans leurs bras pour impressionner maman et lui montrer qu'ils sauraient bien prendre soin de moi. Ils savent que maman sans moi, ce n'est pas négociable, elle ne le dit jamais, mais c'est pis que ça, elle le transpire. Alors, je ne pleure pas quand ils me soufflent leur haleine puante de cigarette dans le nez juste avant mon biberon du soir, je ne veux surtout pas les décourager. Mais maman s'en charge toute seule, elle refuse les dîners, décale les sorties, annule les soirées. La nuit, tard, je l'entends entrer dans ma chambre, elle me murmure que personne ne viendra me faire de mal, que la vie se jouera entre elle et moi désormais et qu'à deux nous serons les plus fortes du monde. Elle me promet que je ne manquerai jamais de rien, qu'elle fera toujours tout pour* *ça, qu'elle sera éternellement là pour moi et que ma vie sera joyeuse et heureuse. Elle me répète que marraine et nous, ça fait une vraie famille. Puis elle retourne dans sa chambre et moi, au moment de continuer ma nuit, je pense que, demain encore, je chercherai un papa pour maman.*

Ma vie commence à se remettre en ordre. Le matin a un rythme. Se lever, petit-déjeuner, prendre sa douche, sortir le chien, préparer le biberon, en respectant les doses, déplier la couche, les vêtements, ne pas réveiller l'enfant, attendre ses premiers bruits, « on ne réveille pas un bébé qui dort ! » a dit Louise. Le chien est revenu de sa retraite forcée il y a dix jours tout rond. Il a adopté Thelma comme une donnée microscopique supplémentaire dans son environnement. Mais il en prend soin autant que de moi, surveille qui l'approche, ne laisse pas les mauvaises odeurs se pencher sur son berceau. Le soir, il s'assied face à l'être assoupi, vigilant. La gueule posée au-dessus des barreaux, il écoute le souffle paisible. Comme elle, sans doute, il voudrait parler mais se résigne à se taire.

Lire, écrire, relire, m'assurer que tout a l'air parfaitement « normal » autour de moi, avoir l'apparence de celle qui maîtrise la situation, ne pas montrer à Ludi que je suis perdue sans elle. Chaque jour elle arrive à midi, avant je suis seule avec mon clan. Tout petit clan, gang miniature : mon enfant, mon chien et moi, ça ferait un bon livre, je pense.

Soudain Thelma bouge, j'ouvre la porte de sa chambre, la prends dans mes bras, la serre contre moi, son odeur me rassure. Thelma a le parfum de la vraie candeur et de l'avenir… Ce qui rend les nouveau-nés si délicieux, au fond, c'est qu'ils ne sont responsables de rien ni de personne, et surtout pas d'eux. J'aime cette insouciance, cet abandon total, ils me font rêver et je veux les faire durer, offrir ce cadeau à mon enfant, de la légèreté à long terme. Alors je lui souris comme le ferait une autre mère, j'exhibe une armée de dents blanches pour faire face au monde, pour que Thelma me voie comme une mère parfaite, qu'elle ait la certitude d'avoir tiré le bon numéro au Loto des mères disponibles et, surtout, qu'elle ne ressente le manque de rien, ni de personne.

Le lendemain, Ludi me scrute tel un capitaine. Elle fronce les sourcils comme seules les Philippines savent le faire, avec ce mélange de rudesse et de délicatesse à la fois. On sent toute la gentillesse du monde entravée par un mécontentement ferme et définitif. Je comprends qu'elle voudrait me gronder, n'ose pas, s'énerve de sa retenue, grince des dents, fronce de nouveau les sourcils et marmonne des choses inaudibles à l'oreille de l'enfant pour ne pas avoir à dire tout haut ce qu'elle pense tout bas de moi. Je n'ai pas été élevée dans le culte du tabou, ma mère m'a appris, trop tôt, que toutes les vérités étaient bonnes à dire et que les cris s'épuisaient toujours plus vite que les rancœurs. Alors je demande à Ludi de s'asseoir, recouche Thelma dans son lit et la supplie de m'exposer le problème. Elle serre les dents, affirme que rien ne la dérange, que tout va bien, parfaitement bien. Elle fuit mon regard, sa volonté prend le large. Je sais qu'elle me ment, je ne veux pas en rester là. Finalement, gênée, elle finit par m'avouer qu'elle m'a entendue décliner une invitation à l'anniversaire, ce soir, d'une amie d'enfance, au prétexte de devoir garder l'enfant : « On est une mère seule, comprends-tu ! » Je me souviens avoir balancé cette phrase comme Marivaux faisait dire à ses dames : « On est une femme, après tout ! » Je ne saisis pas immédiatement le problème. Ludi me dit que j'ai menti, qu'elle est là s'il le faut pour garder Thelma, même le soir. Cette femme de soixante et onze ans, aux rides plus belles que tous les plissés de chez Saint Laurent, ne supporte pas l'idée que Thelma soit une excuse. Il faut que je sorte, que je voie du monde, le reste de ma vie ne peut pas se passer entre ces quatre murs, mon dos va mieux, mon moral aussi, il n'est pas question de vivre recluse et de laisser le monde tourner sans moi dehors. Je me défends, lui rappelle les visites quotidiennes, nombreuses, trop nombreuses. J'ajoute que je suis loin d'être asociale. Je lui dis que la petite est née il y a cinquante-sept jours seulement. J'insiste en détachant chaque syllabe, « cin-quan-te-sept jours », comme si l'exactitude était la meilleure des excuses. Notre bataille vire à la litanie de suppliques. Elle propose même de veiller sur Thelma sans être payée, me ferait ce cadeau pour le bonheur de me voir profiter à nouveau de mon âge, vivre encore un peu l'existence qui va avec. Elle m'assène qu'il y a suffisamment d'années prévues dans la vie pour être vieille, qu'elle en sait quelque chose, que je ne suis qu'une enfant inconsciente de sa chance. Puis ronchonne que j'ai des amis et même des amies d'enfance, et que l'une d'entre elles fête ses trente-cinq ans ce soir. Ludi m'ordonne de me farder, de mettre une belle robe, des bijoux et même des bottes, comme les femmes du monde. Oui, surtout, elle insiste, je dois mettre des bottes, car il fait froid dehors et les bottes à talons sont plus chics que mes vieilles rangers fourrées. Si la conversation avait duré quelques instants de plus, face à mon refus sans bémol, Ludi aurait pu en pleurer. Je peux parfois avoir la contradiction grandiloquente, lancer un « Non » capital en *sol* majeur. Je connais ce défaut chez moi. Ma petite Ludi se débat alors que je monte sur mes grands chevaux, poneys miniatures si nous parlions la même langue. Car je sais bien que Ludi a raison, et plus j'en ai conscience, plus je lui rétorque qu'elle a tort. Son anglais commence à fléchir, sa détermination aussi. Ses arguments se rétractent, seule son envie de me convaincre reste intacte toute la discussion durant. Puis elle baisse les armes et s'en retourne vers l'enfant, le visage défait. Alors, tandis qu'elle récupère Thelma dans son lit, tandis qu'elle lui chante des comptines philippines que je ne comprends pas, pour la rassurer, alors que par la fenêtre elle désigne à ma fille le monde qui continue de vivre au-dehors, je vais chercher mes bottes rouges à talons que je n'ai plus portées depuis cinq ans.

Je redescends de ma chambre les longs souliers à la main, et c'est comme si je tenais un objet rare et précieux. Elles sont poussiéreuses, plus vraiment rouges, tirent sur le bordeaux, cramoisi par le temps et le manque de soin. Je les cire, les lustre même, puis réfléchis à la robe qui irait avec.

Je cherche des bas sans en trouver et, finalement, attrape le chien et mon sac pour sortir en acheter. Sur le chemin de la boutique, je songe que ces bas seront, depuis la naissance de Thelma, mon premier achat futile. Des bas. Il m'aura fallu cinquante-sept jours pour me décider à acheter quelque chose qui n'ait aucune utilité vitale, qui n'intervienne pas dans le déroulement normal de la journée d'un nouveau-né et qui n'ait pas non plus sa place dans le réfrigérateur. Cinquante-sept jours pour acheter des bas ! Belle perf', pensé-je.

Le soir arrive lentement, avec lui les essayages et, enfin, l'instant d'enfiler les bottes. Le premier pied entre difficilement, le second pas du tout. Je jette à Ludi un regard désespéré en guise d'appel à l'aide. Ludi a grandi avec peu d'argent et me raconte le temps où, pour se protéger du froid, sa mère glissait dans ses chaussures et celles de ses frères et sœurs des sachets en plastique. Les sacs servaient d'isolants et maintenaient leurs pieds au chaud à moindre coût, malgré les trous au fond des souliers. Elle se souvient de son pied glissant ainsi plus facilement dans sa chaussure et déclare que c'est la seule solution. Nous voilà parties, sac Monoprix et pied en main, pleines de conviction, prêtes à faire passer le tout dans cette fichue botte, au forceps ! À deux, nous tirons la chaussure de toutes nos forces pour m'y faire péniblement entrer, ce qui finit par arriver ! À cet instant seulement, cinquante-sept jours après la naissance de ma fille, j'ai avec Ludi le plus énorme et le plus incontrôlable fou rire, qui finit par nous empêcher de respirer et nous serre les abdominaux de douleur, un rire si vrai que nous ne voulons plus qu'il s'arrête malgré les muscles qui nous tirent, un rire qui rend tout le reste anecdotique et nous prend au moment où nous nous rendons compte qu'il me faudra passer la soirée avec ce léger liseré de plastique Monoprix au ras du cuir ! Je cherche à tirer par tous les bords pour éliminer complètement les restes du sac, mais rien n'y fait, le sachet blanc reste définitivement bloqué, prisonnier de notre technique improvisée.

Avec ce rire sans fin, c'est toute la peur des cinquante-sept derniers jours qui s'en va, toute la peine aussi.

Avec ce rire sans fin, c'est l'aube du cinquante-huitième jour qui arrive.

Thelma dort, Ludi me rassure : tout s'est bien passé. Elle jette un « Comme d'habitude », alors que rien ne se déroule facilement depuis que ma fille est née. Mais pour elle, les choses ne peuvent aller autrement que bien et tout ce qui concerne l'enfant est touché par la grâce. Ludi voudrait que je lui raconte mille détails sur ma soirée, elle sautille comme une enfant à la veille de Noël. Elle imagine un prince charmant, des verres de champagne et un baiser au moment de me raccompagner. Je rêverais de lui faire ce plaisir, de lui raconter des garçons extraordinaires, des coupes givrées et la délicate condensation qui, comme l'aurore, habille le cristal. Je voudrais lui dire que j'ai ri, tellement que j'en avais mal aux côtes, lui rapporter des conversations sans fin, lui raconter avoir dansé à en péter les talons de mes bottes rouge cramoisi. Mais je ne peux pas mentir à Ludi. Je n'ai pas répondu aux hommes qui m'ont adressé la parole, ou presque pas, sans doute sont-ils allés voir mon amie après mon départ pour lui dire que j'étais antipathique et hautaine. J'avais prévu de boire et de me soûler, je le voulais vraiment, j'en avais fait une question d'honneur, de retour à la vie, mais l'ivresse demande un minimum d'entraînement, ce n'est pas quelque chose qui peut s'improviser au dernier moment. Après tant de mois sans une goutte de vin, la première gorgée de champagne avalée cognait déjà à mes tempes avec la même frénésie que mon voisin d'en face quand il reste une heure pendu à ma sonnette pour se plaindre des poubelles laissées devant ma porte plus de trente minutes. « La poubelle, avec la petite dans les bras, sur quatre étages à pied, ça n'est pas toujours évident vous savez, alors parfois je remets à quelques heures le périple. Vous comprenez ? » Non, mon voisin d'en face n'a jamais rien compris, ni ça ni la possibilité qu'existe, tout autour de lui, une planète dont il ne soit pas finalement le nombril. Mon voisin d'en face est un type capable de vous expliquer qu'il ne vous laissera pas entreposer la poussette sur le palier au motif que la poignée dissimule une infime partie du carreau gauche de la fenêtre et que « ça fait plus sombre, à l'étage, quand j'ouvre la porte de chez moi ». On ignore parfois le pouvoir couvrant, apparemment inversement proportionnel à sa taille, d'une banale poignée de poussette.

Je suis donc devenue une fille froide et hautaine. Ce n'était pas le cas auparavant.

Ludi prend le temps de m'expliquer que l'important est d'avoir repris une vie sociale. Puis elle me propose de m'aider à retirer mes bottes, et même le sac en plastique Monoprix resté coincé à l'intérieur. Il est tard quand elle m'apprend qu'elle a encore une heure de métro avant d'arriver chez elle. Elle ne m'avait encore jamais dit qu'elle habitait si loin et, soudain, une forme de honte détestable me laisse muette. Ludi s'occupe de ma fille depuis déjà deux mois et je ne me suis pas interrogée sur sa vie, pas une fois posé des questions sur son existence présente. Je sais les enfants élevés par le passé, tous les enfants, les cinq siens et ceux des autres, neuf en tout. Je connais le quotidien des débuts, aux Philippines, celui des pieds froids et du plastique qui réchauffe. Mais je n'ai pas eu la présence d'esprit de m'intéresser à la Ludi hors les murs. Jusqu'à ce soir, je ne m'étais pas souciée de son mari, de ses enfants, de son appartement, de leur quotidien à tous quand elle n'est pas là. Mes propres difficultés m'ont rendue profondément égoïste, alors je cherche maintenant à tout savoir. Quand Ludi a fini de me raconter l'homme de sa vie et leur 13e arrondissement parisien, de l'autre côté de la ville, à cinquante-cinq minutes de métro, quand elle a pudiquement effleuré leurs problèmes de santé à tous les deux, leurs retraites minuscules et les enfants partis trop loin, quand elle a dit avec retenue la fatigue de sa carcasse de deux fois mon âge, alors je me jure de ne plus jamais me plaindre sous ses yeux, je comprends le profond amour qui l'unit désormais à Thelma au point qu'elle est prête à faire tout ce chemin pour, parfois, l'embrasser une heure durant le week-end, et j'appelle un taxi tandis qu'elle continue de pester qu'elle peut parfaitement prendre le métro. Ce n'est pas grand-chose, ce cadeau, mais c'est ma façon de lui dire merci.

Dans deux semaines, Thelma aura trois mois. Étrange comme beaucoup de questions de la vie et de la mort tournent autour de cette histoire des trois mois du nourrisson. Les trois premiers mois de la grossesse sont un moment de doute où le fœtus peut décider de s'en aller d'un moment à l'autre. S'il « tient », on a le droit de commencer à se réjouir. Annoncer une grossesse avant trois mois porterait même malheur selon certains, comme si rien de mal ne pouvait plus advenir après, alors que la liste des catastrophes envisageables ne fait qu'aller en s'allongeant à partir de ce moment précis. Le bébé peut être sourd, aveugle, autiste, il peut arriver par le siège, s'étouffer avec le cordon ombilical à la naissance, mettre trente heures à venir au monde... son géniteur peut même prendre le large la veille de sa naissance ! Les trois premiers mois après la naissance sont une redite. On craint la mort subite au moindre sommeil trop profond, on guette les anomalies, les retards de croissance et tous les autres malheurs de la vie.

Mes dernières larmes remontent à loin désormais, comme si mes peurs et mes tristesses s'en étaient allées avec l'éloignement des risques les plus importants pour ma fille. Les journées se sont structurées différemment, l'appartement est devenu un repaire de femmes joyeuses où Flaubert, mon chien, joue à l'homme de la maison. Les copines passent, Noël arrive. Il me reprend parfois même l'envie de faire des efforts vestimentaires, de mettre du parfum. Louise a prévu un goûter spécialement pour Thelma, un goûter avec le père Noël qui sonne à la porte des cadeaux plein son sac. Nous sommes encore à quelques jours du 24 décembre, mais je sais que ma fille ne saisira pas l'anomalie calendaire. Louise part au Maroc pour les fêtes.

Alors pour nous, cette année, Noël tombe un 21 décembre, et c'est la plus belle date qui soit pour recevoir ce bonhomme rouge chez soi.

Dans la maison de Louise, l'arbre fait deux fois ma taille et tout ressemble au réveillon des autres familles. Les enfants courent entre les jambes des plus grands, le père Noël sonne à la porte et Thelma pleure.

Ma fille vient d'avoir son premier réflexe de bébé normal : elle a peur du père Noël. Elle qui ne connaît pas les larmes semble retrouver des habitudes de son âge. Étrangement, ses sanglots me rassurent. Un peu plus tard, quand elle se calme, nous sommes plusieurs à ouvrir ses paquets pour elle. Elle attrape le gros ours rose pâle plié dans une boîte carrée, à la manière d'un contorsionniste de cirque, et le serre contre elle. Plusieurs jours durant, Thelma ne verse plus une seule larme. Sans doute a-t-elle supposé que le départ de Louise hors de France créait un manque chez moi, et que j'avais besoin d'elle.

Le 24 au soir, le vrai 24 au soir, ma fille et moi sommes chez un couple d'amis et leurs parents, sur une péniche. Thelma dort au bord de l'eau, contre le radiateur. Gaël et Léa viennent d'adopter un chiot, sans doute un premier pas avant de procréer. Ils me posent mille questions sur l'enfant, son rythme, ses habitudes, comme si plus rien n'existait qu'elle. Je réponds comme je peux. Ils veulent un bébé aussi calme et sage que ma fille. Je leur dis que ce calme-là n'est sans doute pas à souhaiter, et même que je leur souhaite tout sauf ça !

Léa et Gaël s'aiment profondément et c'est la chose la plus triste et la plus merveilleuse que je pouvais contempler pour ce premier Noël avec ma fille.

Les jours qui suivent s'efforcent de prendre l'air de jours normaux. Ils ne trompent personne, sauf moi.

Maman a l'air bizarre, elle sourit sans joie. On est allées chez marraine pour faire une fête avec un homme tout en rouge qui m'a effrayée en arrivant. Surtout que tout le monde s'est mis à hurler quand il est entré. Maman et moi, on vit dans une sorte de calme en coton, c'est doux comme le liniment pour la peau de mes fesses. Ça ne crie jamais à la maison, ça ne court pas non plus. Ceux qui viennent nous voir parlent avec des rires sucrés dans la voix, je crois qu'ils ont peur d'effrayer maman en faisant trop de bruit. J'essaie de m'occuper d'elle, je veux qu'elle dorme, alors je suis sage le matin. Quand parfois je me réveille et que je sens le silence autour de moi, je me dis que là-haut, dans sa chambre, si elle se réveille elle aussi et qu'elle n'entende rien, elle se rendormira tranquillement. Il faut beaucoup de sommeil à maman, elle a du retard. Elle récupère doucement.

Bientôt elle sera parfaitement prête pour le papa.

Déjà, elle sort plus qu'avant. Elle rentre presque joyeuse et me raconte ceux qui l'ont approchée, mais dont elle ne veut pas. C'est devenu un jeu entre nous deux. Elle s'assied dans le fauteuil en cuir bleu près de mon tout petit lit, me prend dans ses bras, fait attention à ce que ma tête ne parte pas en arrière, puis sourit en commen-

çant par : « Si tu savais ceux dont je t'ai sauvée ce soir ! » Elle me décrit leurs sourires mielleux pleins de compassion, à croire que vivre seule avec moi serait d'une tristesse absolue. Aussi, elle me répète leurs compliments étranges sur sa ligne magnifique pour une nouvelle maman, sa bouche bien dessinée, ses doigts, son nez, son regard profond et ses cheveux. Surtout ses cheveux. Maman trouve ça ridicule, elle dit que rien de tout ça n'est vrai mais, surtout, elle me dit que rien ne sera jamais plus joyeux que la vie avec moi. Je sais qu'elle le pense. Je voudrais un papa qui voie son regard quand elle me promet que « tout va bien se passer » alors qu'elle n'en sait rien. Je voudrais qu'un papa voie ce courage-là chez maman.

Elle veut changer d'année avec moi, juste toutes les deux. Elle veut qu'on enterre ensemble 2015 et qu'on n'en conserve rien, sauf moi ! Elle répète ça tout le temps : « Tu es ma seule merveille de l'année, tout le reste est à jeter ! » Je voudrais plutôt qu'on aille chez des amis, qu'elle mange des choses extraordinaires et qu'elle ne pense plus du tout à 2015, même pas pour l'enterrer, je préférerais qu'elle ait cette force de nous emmener en voiture, toutes les deux, et qu'on rejoigne un groupe qui saurait faire la fête pour elle. Comme je veux tout ça, je suis encore plus sage. Je dors quand elle me le demande, ne réclame jamais quand j'ai faim, oublie les couches sales… je fais la même chose qu'avant, mais en mieux ! Je me perfectionne. Si tout devient simple, encore plus simple, elle n'osera pas refuser toutes les fêtes, elle ne trouvera plus d'excuses. J'aimerais seulement qu'elle en accepte une, rien qu'une, juste pour un soir, juste pour ce soir-là. J'adore l'idée d'entendre tout le monde hurler de joie, je ne pleurerai pas comme avec le bonhomme rouge, promis juré. Marraine sait créer ces moments de bonheur, mais marraine n'est pas là pour m'aider.

Finalement, ma technique marche et maman pense accepter d'aller avec Valérie et son fils chez un ami comédien qui fait un Nouvel An pour ceux qui ne veulent pas le fêter. Je voudrais lui crier : C'est tout nous, ça, maman ! J'essaie, j'essaie de toutes mes forces, mais je ne peux pas.

Valérie était avec maman la veille de ma naissance. Elle et Milan, son fils, l'ont fait rire dans un café près de l'hôtel. Je me souviens très bien que ce soir-là, maman et moi, on était terrorisées par ce qui allait arriver. Je l'entendais répéter à tout le monde que si je ne sortais pas le dimanche, le « jour du terme » – comme si c'était la fin du monde –, alors ils provoqueraient l'accouchement le lundi matin très tôt. Je ne savais pas bien qui « ils » étaient, mais je sentais maman tellement angoissée à l'idée d'avoir mal que j'avais peur moi aussi. Sortir, ça avait l'air super-compliqué quand elle y pensait. À tous ceux qui lui disaient qu'on faisait ça sans problème depuis la nuit des temps, elle répondait : « C'est toujours plus simple à affirmer quand on est un homme. Sans blague, vous avez déjà essayé de faire passer un ballon de rugby par un trou de la taille d'une pièce de monnaie ? Hein ? Franchement ? » Je n'avais jamais vu de ballon de machin, ni de pièce de monnaie, mais, avec tous ses organes qui se contractaient à l'intérieur quand elle en parlait, ça avait l'air terriblement effrayant. Alors, moi aussi, j'étais contente que Valérie et Milan viennent nous faire rire avant la convocation de l'hôpital. Il était très tard quand ils ont laissé maman rejoindre son hôtel avec grand-mère.

Forcément, j'étais ravie à l'idée de laisser partir 2015 avec eux.

Je crois d'ailleurs que ce qui a convaincu maman, c'est un peu moi. Elle trouvait triste que je passe mon premier réveillon du Nouvel An sans le bruit de la fête autour de nous, finalement.

Alors, quand le soir arrive, maman m'habille avec la plus belle de mes robes. C'est une amie qui la lui a donnée pour moi, je crois qu'elle a été à sa première fille, puis à sa deuxième et enfin à sa troisième, avant d'être à moi. Après m'avoir préparée, maman met un pantalon noir et un joli chemisier de soie. J'adore quand maman se fait belle, je ne vois encore pas tout comme il faut, c'est flou et les couleurs se mélangent, mais les jolies tenues de maman sentent bon. Elles sentent toujours le même parfum.

Chez l'ami comédien de Valérie, il n'y a que des sourires vrais. On me présente d'abord à lui, puis à sa femme, enfin à leur fille qui est un peu comme moi, mais d'une autre couleur, et avec plus de cheveux. Maman dit qu'elle a trois ans. Je ne fais pas bien la différence entre nous, elle est plus petite que tous les grands, comme moi. Il y a Valérie et Milan aussi, puis une autre dame avec son mari. Milan et la petite fille jouent avec moi sur le canapé. J'écoute maman rire à table et ça me berce. J'essaie de ne pas m'endormir, je veux encore entendre maman joyeuse. Alors je lutte de toutes mes forces, je refuse de me laisser faire quand le sommeil tire les volets sur mes yeux. Les grands sont épatés. Après le dessert, ils me prennent dans leurs bras, chacun à leur tour. Mes paupières veulent fermer le rideau, mais je résiste. Puis il doit être minuit et maman vient me serrer dans ses bras, elle pose un petit chapeau de carton pointu sur mon crâne et me dit que toutes les années de ma vie seront sublimes à présent. Je voudrais lui répondre que tout va bien, que tout va très bien même, que tout est déjà parfait depuis que je suis sortie et qu'il ne faut pas qu'elle s'inquiète pour moi. Les petits et les grands sont heureux, ils portent tous le même chapeau que moi, qui leur donne l'air idiot et joyeux à la fois. J'aime tellement voir maman avec son chapeau de carton sur la tête. Je crois que c'est à ce moment-là que je perds mon combat contre le poids de mes paupières.

Quand je me réveille, c'est déjà le matin et je suis de nouveau dans mon petit lit. Je ne sais pas comment je suis arrivée jusque-là. Maman a dû me porter, forcément. Il devait être très tard et maman devait être épuisée en montant les quatre étages avec moi, poids mort dans ses bras. Surtout avec sa sciatique. Si seulement je pouvais revenir à cette nuit, je garderais les yeux ouverts encore un peu pour aider maman à me monter jusqu'à l'appartement. Elle a beau dire aux amis qu'au moins, quand je dors, je ne la sens pas peiner dès le deuxième palier, je reste certaine que si je me tiens bien contre elle au moment de grimper, les marches lui paraissent moins hautes.

La voix de maman dans le salon me berce, elle parle au téléphone avec Élise. Elle, je ne l'ai jamais vue mais je me souviens qu'elle avait fait une grande fête quand j'étais encore à l'intérieur de maman. C'était à la fin de l'été, maman avait mangé du cochon qu'elle avait regardé cuire sur une broche dans le jardin avec au moins cent autres personnes autour d'elle. Élise a plein d'amis, je crois. Maman avait dansé aussi, avec des chiens et des enfants. Je ne me souviens plus bien des détails parce que je ne faisais qu'entendre de loin des sons très étouffés. Mais je sais que sa maman à elle, la maman de maman, elle s'était moquée de sa fille enceinte qui dansait seule sur la piste avec les enfants des invités et le chien d'Élise dans leurs jambes. Maman a l'air de dire qu'Élise va venir à la maison bientôt. Je crois qu'elle parle de déjeuner. Je voudrais qu'Élise vienne avec ses cent amis de la fête. Il doit bien y en avoir un qui serait un bon papa pour maman…

Quand on sort avec Ludi, je regarde autour de moi. Je commence à comprendre comment fonctionne le monde, les rues, les trottoirs, les parcs et les bancs. Finalement, c'est assez simple, c'est un peu la même chose que le supermarché où maman m'emmène parfois. Il y a des allées et des produits. La différence entre le Monoprix et la rue, c'est que dans la rue les produits défilent, c'est un peu la Fashion Week, *tandis qu'au Monoprix il faut aller les chercher à leur place parce qu'ils ne bougent jamais. Je dis ça, mais je n'ai jamais vu de défilé de la* Fashion Week, *j'ai juste entendu maman en parler avec un de ses amis qui se plaignait que les filles étaient trop maigres. Dans l'idée, c'est assez bien fait cette histoire de défilé de rue, mais le problème c'est que rien n'est trié ! S'il y avait des rues à papas, les choses seraient plus simples. Au lieu de ça, dès qu'on sort, je regarde bien les passages dans les couloirs du supermarché de la vie, et pour un papa potentiel, je vois plein de mamans, de grands-mères ou de grands-pères, de frères, de sœurs, d'amis, de « ratés », comme dit Anne, la copine de maman, de « perdus », de « vaniteux » – c'est le mot adulte pour « prétentieux », comme marraine et maman appellent les gens qu'elles n'aiment pas et moi non plus –, il y a des visages « insignifiants » et des airs « arrogants » aussi, même si en vrai je ne sais pas ce que ça veut dire… Je garde les yeux bien ouverts pour ne pas manquer celui que j'attends pour maman, mais il faut reconnaître que c'est assez compliqué quand on s'attarde sur l'étalage. Peut-être que les autres mères, celles qui ont des papas convenables chez elles, les empêchent de descendre dans les rues, car ils ne sont plus sur le marché ? Peut-être que c'est définitivement comme au Monoprix, les produits achetés ne sont plus en rayon ? Si c'est ça, je vais avoir du mal à trouver celui que je veux. Le papa de maman ne peut pas être déjà pris par une autre maman de toute façon, il est forcément quelque part, ce papa-là. Au pire, je prendrai une « marque distributeur », comme dit maman pour les couches. Donc, il faut que je continue à chercher, il doit bien défiler dans une rue, le papa de maman.*

Tout a changé, une vie nouvelle tirée au sort dans une pochette-surprise. D'abord, on pense qu'on n'a pas de chance, que la surprise est mauvaise, que, par habitude, on est malheureux au jeu. Mais pas heureux en amour pour autant, il faut bien qu'existent des poisseux, des perdants en tout, des qui ne tirent jamais le bon ticket. Puis finalement, on se dit que les choses ne sont pas si mal, tout passe, tout lasse, même la tristesse. Thelma est un bébé merveilleux, elle est réussie. C'est la première chose que je réussis. Elle n'a rien qui cloche, tout est à sa place, j'ai bien regardé, je l'ai retournée dans tous les sens pour trouver l'anomalie, mais Thelma est impeccable, absolument irréprochable. Je commence à aimer notre vie, ma nouvelle priorité, l'oubli de l'égoïsme de l'enfance. J'ai dit adieu à ma part de bébé. Je reste une gamine, le caprice en moins.

Élise a eu son petit garçon deux mois avant que n'arrive Thelma. J'aime Élise, c'est une amie qui comprend tout sans qu'on ait vraiment à en parler. Elle devine les peurs d'enfant derrière mes sourires, les besoins de discussions de filles, légères et futiles quand tout est tragique et que la vie dérape, les rires idiots et indispensables même quand l'heure est grave. Élise me propose de venir déjeuner chez moi avec une fromagerie dans son sac et une corbeille de fruits sur la tête – plus son bébé dans un panier, peut-être. Je ne sais pas comment elle s'imagine grimper mes quatre étages à pied avec un tel ravitaillement. Je sais qu'elle en est capable, pour me faire rire. C'est sa manière d'être présente aussi, à sa façon. Quand elle arrive, Ludi sort avec mon bébé. Elle veut nous laisser rire, qu'on redevienne des adolescentes. Élise ouvre les paquets, installe son déjeuner pour neuf au milieu de nous deux, décrète que nous n'allons pas mourir de faim aujourd'hui avant de me laisser conclure : « On ne peut pas mourir chaque année, je suis morte en 2015, en 2016 on va vivre ! » La première demi-heure du repas tourne autour des nuits de nos enfants, l'heure suivante décortique « la » personnalité masculine, comme s'il n'en existait qu'une, quelque chose qui serait à mi-chemin entre la nullité innommable de certains et la classe internationale de son mari. L'homme parfait ne doit pas être un modèle unique, il ne peut pas être un modèle unique. Au cinquième fromage achevé à deux, Élise me convainc que, quelque part dans son agenda de femme comblée, entre le numéro du cabinet chirurgical de son Monsieur Perfection de mari et celui de son grand frère corse (pas vraiment parfait et pas vraiment pour moi, selon elle), le père de ma fille m'attend. Je me défends en lui répondant que ma fille n'a pas besoin de père, que nous sommes deux amazones plus fortes que l'univers. À cet instant, je repense au sermon d'une amie très chère, ma Virginie, fée Clochette qui apparaît dans les moments les plus importants, disparaît trop loin le reste du temps ; j'entends encore ses mots : « Tu sais, certains sont faits pour faire des enfants, d'autres pour être pères, et ces deux capacités ne sont pas toujours réunies dans le même corps. C'est facile de faire des enfants, tous les hommes peuvent faire des enfants… Être père… ah, être père, c'est un vrai boulot ! » Je repense à Virginie, j'écoute Élise, puis je me ravise : ma fille aura pour mère une mapa, plus forte qu'une mère ou qu'un père, car les deux à la fois. Élise peut refermer son agenda, elle *doit* refermer ce foutu agenda, car non, elle ne va pas appeler son ami, qui est commercial dans le milieu médical et ne travaille pas loin d'ordinaire. Je lui interdis de lui parler de moi quand il décroche, je lui hurle d'oublier mon prénom et même mon nom, quand je l'entends soudain proposer à l'inconnu de venir prendre un café avec nous. Élise vient d'inviter dans mon appartement un homme que je n'ai jamais vu au motif qu'il est, selon elle, possiblement l'homme de ma vie et un père potentiel pour ma fille. Or ce merveilleux prince charmant à qui Élise voulait intimer l'ordre de défoncer la porte avec son sabre, en débarquant dans le salon sur son cheval blanc, n'est pas libre, car il est précisément en rendez-vous avec son mari… Adieu veaux, vaches, cochons… Élise et son pot au lait perd d'un coup le sourire et tous ses espoirs. Au moment de raccrocher, je l'entends enfin prononcer son prénom : Martin. Elle prépare sa revanche, me dit qu'il ne vit qu'à deux rues ou peut-être même dans la rue d'en face, projette un déjeuner demain, ou un dîner ce soir, ou peut-être un café après-demain, tout s'éclaire sur le visage d'Élise quand elle parle de mon avenir avec Martin, elle répète : « Martin, Martin, Martin », et je lui rétorque un ferme : « Hors de question ! » Mais elle continue, elle imagine déjà nos futurs enfants, les frères et sœurs de Thelma, elle me vend sa grande taille, ses larges épaules, elle organise le mariage, les repas de famille, les anniversaires de la petite. Jusqu'à ce que je lui assène un « Non » sec et tranchant, un « Non » pire qu'un canif. Je lui dis « non » parce que, fût-il Dieu le Père, il s'appelle Martin, et c'est à mes yeux la pire des tares, furoncle au milieu d'un visage d'ange. Elle ne réagit pas tout de suite et je vois ses yeux virer de teinte quand lui revient le prénom de celui parti trois mois plus tôt. Élise se décompose, les minutes pèsent des tonnes, le temps s'arrête.

Mon amie s'en veut, elle voudrait disparaître sous la table, se manger la langue pour se taire à jamais.

Je refuse de la voir triste. Je la vois perdre pied et c'est maintenant moi qui voudrais ravaler mes cris de gamine colérique. Je prends du recul, survole la scène, cherche une issue vers le ciel. Il faut qu'elle gagne au moins un peu son combat contre le sort. Puisqu'elle est sur ce réseau social qui nous unit tous sur la Toile, moi et le monde entier, je lui demande de me trouver son héros sur l'application de mon téléphone, je prends une photo de nous deux, elle grande brune aux cheveux courts et à l'air conquérant, moi petite blonde au regard désabusé mais prête à tout pour redonner le sourire à ma copine empêtrée dans ses bonnes intentions. Je légende le cliché : « Bizarrement, nous sommes trois ! Même si ça ne se voit pas, certains absents sont parfois omniprésents. » Retrouver le profil du prince charmant, recopier correctement son prénom puis son nom, voir l'hyperlien s'activer et savoir qu'à cet instant Martin, puisque c'est hélas son prénom, verra son téléphone lui notifier qu'il est « présent » sur une photo mise en ligne par une jeune femme qu'il ne connaît pas… les voix de l'Internet sont impénétrables, sauf quand on sait leur parler à l'oreille !

Élise rit et c'est ma plus grande victoire sur la vie, ma provocation d'enfant l'amuse, elle sait que son prince aura l'humour nécessaire pour trouver une réplique à la hauteur et ça lui fait sa journée. La vie est pleine de petites victoires du quotidien, parfois.

Mon Élise retrouve un peu ses couleurs. Je lui propose de prendre un café quand même, je me moque : « Seules et abandonnées par ton prince de Lu », je mime la tirade, d'Artagnan est mon maître, et, pour faire taire mes railleries, nos deux téléphones piaillent d'un coup en écho. Nos piafs s'égosillent, ça s'active sur le réseau, j'abandonne ma grandiloquence caféinée. Le cavalier a initié une discussion qui nous rassemble, tels les trois mousquetaires, et j'y vais à mon tour de bon cœur dans la taquinerie gratuite, sans jamais tomber dans la bouffonnerie, question de bonne éducation.

Bien plus tard, à l'heure d'entrer dans le théâtre où je vais voir le spectacle d'un ami humoriste, Élise, rentrée dans sa Normandie, moi à Paris et lui, ce Martin, monarque proclamé, sur la route de Lille où il a une réunion de travail tôt le lendemain matin, nous sommes encore interconnectés. Après Lille suivra l'Allemagne, sans que la discussion s'interrompe vraiment, pis, les mots sont dédoublés puisque le souverain a ouvert une autre correspondance, entre nous deux, pour ne pas « importuner Élise par la fréquence de nos échanges ». Parler avec ce Martin est une vraie récréation, et surfer entre le fil de notre conversation à trois et les questions plus personnelles de nos échanges privés ajoute des points d'exclamation joyeux au bout des câlins que je fais à ma fille.

Du réseau, nous sommes passés, plus simplement, aux messages directs entre nos deux téléphones, ce héros de conte de fées ayant argué qu'il lui fallait mon numéro si, bien sûr, j'en étais d'accord, car, en Allemagne où il était encore pour quelques heures, le réseau était d'une qualité approximative. Je sais bien qu'il ne se passera jamais rien avec ce Martin-là, d'abord parce que Thelma et moi n'avons besoin de personne, et surtout pas d'un homme, ensuite parce qu'il s'appelle Martin et que les Martin sont à jamais une race que je veux voir disparaître de la surface de la Terre dans d'atroces souffrances. Pourtant, j'aime bavarder avec lui, j'aime ses questions sur ma vie et les détails qu'il me donne sur la sienne, j'aime qu'il insiste pour qu'on prenne un café ensemble dès son retour, le plus vite possible, car il voudrait m'emmener au théâtre dans cinq jours et « cinq jours, c'est loin ! ». J'aime la façon dont il a écrit ces mots, à la manière des enfants.

Je ne connais pas le son de sa voix ni même les contours de son visage mais, depuis l'avant-veille, il parsème mes journées de minuscules lettres numériques et pas un silence prolongé ne reste injustifié. Comme il rentre en France le dimanche matin et que dimanche, c'est déjà demain, il va bien falloir accepter de le rencontrer. Je pense que tout a une fin et que c'est bien dommage, car cette relation irréelle et sans conséquence, tissée si vite entre nous, me convenait parfaitement. Le voir fera s'effondrer la belle structure de notre non-relation, il faudra alors que je lui avoue l'évidence : son prénom est une promesse d'échec. Son visage m'est toujours inconnu quand je lui propose de m'accompagner dimanche après-midi sur un salon étudiant où de jeunes apprentis journalistes veulent m'interviewer pour leur école de radio. J'envisage même de le laisser s'occuper de Thelma le temps que je réponde aux questions. Le dimanche est le jour du Seigneur et c'est une donnée importante pour Ludi qui est croyante. Il m'est impossible de lui demander de travailler pour moi, nous sommes toujours convenues que je n'empiéterais pas sur ses après-midis dominicaux. Alors, puisqu'il ne doit jamais rien se passer de réel avec Martin, j'imagine que lui mettre un bébé dans les bras pour notre première rencontre, et accepter seulement ensuite de prendre un café avec lui, devrait m'épargner d'avoir à repousser tout geste trop entreprenant. Nos échanges prendront sans doute fin avec la nuit qui tombera sur la journée, et cette idée me rend triste. Sur le réseau, chacun propose une image de lui, une photo qui apparaît sur un téléphone au format timbre-poste mais qui permet de dessiner les contours d'une personne. Martin a choisi un souvenir de ses vacances au ski quelques mois plus tôt, un cliché de lui bonnet sur la tête et masque intégral sur le visage. Autant dire que, à mes yeux, Martin ressemble à tous les hommes et tous ressemblent à Martin.

Comme notre rendez-vous du lendemain est prévu devant mon immeuble, sur le trottoir, à l'endroit même où j'ai aussi donné rendez-vous au taxi qui nous amènera sur le lieu du salon, je prends conscience que je ne le reconnaîtrai peut-être pas. C'est finalement assez heureux, presque une chance pour lui : si, de loin, il est effrayé par l'image de la mère et de l'enfant, il pourra faire demi-tour sans que j'en sache jamais rien. Il prétextera un problème personnel, n'aura pas le temps pour le théâtre, une charge de travail soudaine et imprévue, nos échanges s'espaceront jusqu'à disparaître et, dans un mois, il n'en restera rien, pas même un souvenir. Je ne sais de lui que ce que m'en a dit Élise : il est grand, très grand. De notre correspondance, j'ai aussi entendu parler de sa sœur aînée, parisienne, et de ses parents qu'il voit peu alors qu'ils ne vivent qu'à deux heures de la capitale. Je connais aussi sa profession, les prothèses de genoux et d'épaules qu'il vend aux cliniques et aux hôpitaux pour les chirurgiens, ses clients en quelque sorte. Et encore tout le petit outillage qui va avec. Martin m'a expliqué qu'il était un « garagiste de l'être humain », mais je me le figure plutôt en super-héros des corps cassés. Le samedi soir, je m'endors en trouvant fascinant d'être capable de voir une clavicule à l'air libre et de comprendre immédiatement, sans s'évanouir, ce qu'il y a d'abîmé là-dedans.

Au moment de fermer définitivement les yeux, je songe : Dommage, tout de même, qu'il s'appelle Martin.

Maman a l'air fébrile. Un peu. Elle me met une tenue, me regarde, me change, m'en met une autre, me regarde encore, m'enfile de nouveau la première. Finalement, elle parle toute seule, ou bien c'est avec moi qu'elle discute, un monologue pas très clair. Je l'entends murmurer : « Ça sera très bien. On ne va pas se changer pour lui, tu ne crois pas, ma chérie ? On est comme on est, et de toute façon tu es le plus merveilleux des bébés du monde. » Je ne sais pas si c'est moi ou si c'est elle qu'elle veut rassurer. Prend le biberon, le repose, tente les chaussures, trop grandes, prend les chaussons, pas assez chauds, opte pour de toutes petites bottes de mouton retourné, les mêmes que les siennes. Me pose sur son lit, enfile un chemisier, passe un jean, met de jolies chaussures, me retire les bottes, me passe les chaussures trop grandes, nous regarde dans le miroir, sourit, a peur d'avoir froid, retire le chemisier, enfile un vieux tee-shirt qu'elle couvre d'un gros pull, me retire les jolies chaussures trop grandes, me repasse les bottes de mouton, met des chaussures à talons, retire les chaussures à talons. Attrape ses rangers près du lit. Nous regarde encore dans le miroir. Nous trouve parfaites, absolument parfaites, enfin. Nous sommes habillées exactement comme hier. « Ne rien changer à celles que nous sommes », elle répète. Rien, sauf la couche.

Je ne comprends pas où maman veut m'emmener. Quand je me suis endormie, elle était encore sur son téléphone, comme toute la journée avant ça, mais elle est restée silencieuse devant son appareil, elle a tapoté dessus comme si l'avenir de l'humanité en dépendait, mais elle n'a pas lâché un mot. Je ne sais rien de ce qui peut se passer d'étrange et merveilleux à l'intérieur de cet objet quand elle le frappe et qu'elle attend qu'il réagisse.

Maman regarde sa montre, semble impatiente, puis dit que, « finalement, autant descendre tout de suite ». J'aime cette idée, regarder les papas dans les allées du supermarché de la vie avec elle. Elle m'aidera à choisir le meilleur. Peut-être même que c'est pour ça qu'elle veut qu'on attende ensemble, comme quand elle m'emmène au Monoprix voir tous les produits dans les rayonnages. Dans l'escalier, qu'elle dévale en prenant quand même bien soin de ne pas rater une marche avec moi dans les bras, je comprends que, quand je lui aurai enfin trouvé un papa, maman ne sera plus seulement à moi.

J'aime avoir maman toute à moi.

Et puis je me souviens de ce qu'elle me dit depuis que je suis sortie, qu'elle sera toujours là pour moi, alors je sais que je peux bien la prêter un peu pour qu'en échange un papa s'occupe d'elle.

Quand on arrive sur le trottoir, maman regarde partout, à droite et à gauche, comme si elle cherchait elle aussi. Maman aurait décidé de m'aider ? Elle scrute les silhouettes, s'avance plus près des voitures sur la chaussée, recule, s'avance encore. La chance ne nous aide pas, il n'y a que des dames d'un certain âge et des jeunes filles avec des enfants qui vont vers la boulangerie sur le trottoir d'en face. Maman s'énerve, elle lorgne sa montre pour la sixième fois depuis que nous sommes en bas. Si elle savait que ça fait des jours et des jours que je guette un papa dans ces rues-là. Je voudrais lui dire qu'il vaut peut-être mieux changer d'endroit, que cette rue ne propose pas beaucoup de choix à l'étalage. Mais maman ne comprend rien, elle débute. Dans quelques jours, elle aussi ira voir si l'offre est meilleure ailleurs, peut-être même qu'elle dira à Ludi de me promener dans un autre parc.

Le temps passe et je trouve que maman n'est pas très douée, elle refuse de bouger, reste plantée sur place comme si ça pouvait suffire. Si seulement je pouvais lui expliquer que ce n'est pas tout à fait comme chez Monoprix, que les papas ne restent pas en rayon sans bouger en attendant qu'on les prenne, mais qu'il faut arpenter les allées pour, peut-être, buter contre l'un d'eux et l'emmener chez soi.

On en était là quand tout s'est accéléré. C'est allé très vite. Une grosse voiture est arrivée, en même temps qu'une sorte de papa, mais très grand. Maman lui a dit de monter dans la voiture comme dans les films policiers qu'elle regarde parfois le jeudi soir. Il est entré d'un côté du véhicule et nous de l'autre, j'étais encore dans les bras de maman à ce moment-là. Je n'avais jamais vu ce papa. Maman ne l'a pas regardé dans les yeux, jamais, elle lui a juste dit qu'elle s'était doutée que c'était lui à cause de la taille. La voiture savait où aller. Tout était très bizarre. Il a juste balbutié : « Voilà donc… Thelma ! » Maman a répondu « oui » et c'est à ce moment-là qu'elle m'a mise dans les bras du monsieur en disant : « Tiens, Martin, d'ailleurs, autant que vous fassiez connaissance tout de suite. » Je n'ai pas compris pourquoi il fallait que nous fassions connaissance et j'ai pensé que, peut-être, elle avait trouvé un papa. Puis je me suis souvenue d'avoir entendu ce prénom-là, Martin, quand j'étais encore à l'intérieur. Je n'arrive pas à me rappeler ce que maman me disait sur ce Martin, mais sûr que c'est lui ! Il me prend dans les bras pour obéir à maman qui refuse toujours de le regarder, il ne sait pas trop comment faire, passe son bras d'un côté, puis de l'autre, glisse le second sous mon dos, posé sur ses genoux, puis baisse la tête pour me regarder dans les yeux, comme s'il allait y voir le visage de maman. Je ne vois presque plus flou, mais pas complètement clair encore, je reconnais juste les mêmes yeux bleus que les miens, ceux que maman me montre tous les matins dans le miroir de sa chambre. Ce papa a mes yeux bleus, en plus grand, et un sourire que j'imagine depuis le temps du ventre. Ce papa est mon papa, je le sais. Ce papa est mon papa et j'en trouverai un autre pour maman !

Thelma ne dit pas un mot dans les bras de cet homme qu'elle ne connaît pas. Je réponds aux questions des apprentis journalistes sans vraiment les écouter, le salon est bruyant, je n'entends rien de ce que Martin dit à ma fille. Il lui parle à l'oreille, peut-être lui conte-t-il des histoires merveilleuses que sa mère lui répétait déjà petit. Je me perds dans mes pensées. Le jeune homme au micro panique. Il répète sa question. J'ai perdu le fil. Il répète encore, je finis par trouver quoi lui dire, il semble satisfait. Thelma ne dort pas, elle sourit malgré le brouhaha. Elle semble paisible, plus apaisée que d'ordinaire. Cinq mètres nous séparent, peut-être six, je me permets enfin de regarder l'homme qui prend soin de ma fille, j'ai refusé de détailler ses traits avant, de croiser ses yeux, de m'attarder sur son visage. Je n'avais le temps ni pour la passion ni pour la déception. Il fallait être efficace, être à l'heure sur le salon, le reste importait peu. Et puis aussi voler un peu de temps à cette relation virtuelle, la laisser perdurer avant qu'il n'en reste rien. Voir Martin, c'est basculer dans un autre monde, celui des messages que l'on envoie sur un téléphone en sachant à qui on les adresse. Le temps des mots incertains, offert à l'inconnu, est envolé. Je le regrette déjà. J'aime ce moment où l'imagination a la liberté d'inventer des hommes qui n'existent pas, des rois parfaits et idéaux sortis des contes de fées. La réalité ne fournit jamais ni souverain ni cheval blanc, juste des insatisfaits convaincus que la médiocrité de leur quotidien vient de l'autre.

Martin est parfait, complètement parfait, rien qui puisse ressembler à ce que j'ai aimé jusque-là. Tout le contraire même. Il a ce physique qui rassure les mères et les pères à la fois, celui que tous les parents voudraient pour leur fille, celui des princes des livres pour enfants. Le jeune homme au micro répète sa question pour la sixième fois, de grosses perles de sueur glissent sur son front, son professeur de journalisme lui a appris que, à la radio, l'ennemi de l'intervieweur était le silence. Il le redoute autant que les enfants ont peur du noir, comme si ce silence pouvait l'avaler tout entier. Son combat avec mon mutisme a commencé depuis un moment sans que je m'en rende compte. Il se décompose, perd des litres d'eau, tandis que je contemple ce quasi-inconnu et ma fille. Quand son calvaire prend fin, l'apprenti journaliste voudrait baiser le sol comme un naufragé qui aurait retrouvé sa terre originelle, il me remercie sans y croire et, peut-être, racontera à ses proches, ce soir, qu'il vient de vivre le plus grand moment de solitude professionnelle de sa courte carrière.

Plus tard, Martin est heureux d'en être enfin au café. Ce n'est plus vraiment l'heure, mais qu'importe. Thelma dort tandis que nous discutons. Elle nous accorde le temps de nous découvrir. Je veux tout raconter à Martin, tout, tout de suite, très vite, pour le faire fuir et qu'on n'en parle plus. Alors je déroule le fil de l'histoire, les jours depuis Thelma et ceux avant elle. Je ne cache rien, je voudrais lui fournir un tapis magique pour qu'il s'envole loin d'ici et que je croie à un mirage. On ne regrette pas les mirages, on les revit parfois, en rêve, et c'est très bien comme ça. J'exhibe les pires aspects de ma personnalité, en dévoile les recoins les moins reluisants, je balaie tout et j'en fais un tas posé sur la table. Je veux qu'il me dise que c'est trop de poussière pour lui, que le passé n'a pas laissé la place assez nette. Au lieu de quoi Martin fait son ménage intérieur et alourdit la table à son tour, il leste le prince de tous ses défauts, égrène les erreurs passées pour en faire table rase, veut être parfaitement honnête avec ses manquements d'« avant ». Il parle d'un avant comme si « maintenant » s'en distinguait, il parle de la pièce de théâtre dans trois jours, qui sont trop loin, il parle du futur de Thelma mêlé au sien alors que je ne connaissais pas son visage ce matin encore. Martin a toujours fait partie de ma vie et j'ai toujours fait partie de la sienne, il en est convaincu, il me l'explique avec ses mots, conscient que ce « nous » n'existe pas encore, n'existera peut-être jamais, mais qu'il va quand même falloir l'envisager.

Vers vingt et une heures, il me dit qu'il a un dîner à l'autre bout de la ville, prévu à vingt et une heures. C'est un dîner avec son meilleur ami, précise-t-il, pour souligner que ce n'est pas un dîner galant. Il me rend des comptes que je ne lui demande pas. Puis il paie les cafés et insiste pour nous raccompagner chez nous, Thelma et moi. Je refuse. Même s'il était Superman ou Spiderman, ou encore n'importe lequel des super-héros de Marvel, même si son père était mort sur une planète lointaine autodétruite et que Martin ait été en contact avec de la kryptonite, même s'il avait été piqué par une araignée qui lui aurait donné dès la naissance des pouvoirs extraordinaires, dont celui de sauver l'univers, même s'il était tout ça à la fois, il a déjà une demi-heure de retard et rien ne pourra rattraper ça. Sans cape ni super-pouvoirs, il lui faudra encore au moins trente minutes en transport pour être au restaurant. Au mieux, en faisant vite.

Mais Martin s'en fout, il se moque complètement de ses amis qui l'attendent, de sa soirée et de son retard. Martin veut tenir encore Thelma dans ses bras jusqu'à chez nous, le temps du petit quart d'heure à pied qui nous sépare de mon immeuble. Il a peur que je n'aie plus la force de supporter le poids du bébé et les rues froides. Il dit que s'il nous arrive quelque chose sur le chemin du retour, il ne se le pardonnera jamais. Martin dit des « jamais » et des « toujours » comme si c'était normal. Il s'inquiète pour Thelma et nous lie, tous les trois, par un pacte secret. En bas de l'immeuble, il s'en veut de partir, me propose de monter l'enfant : les quatre étages, lestée du nourrisson, doivent être pénibles, assure-t-il. Je lui réponds que j'ai l'habitude, lui rends sa liberté. Il part avec regret. Quand j'arrive en haut, je reçois son message : « Mercredi me paraît si loin. » Je souris. Je connais désormais le visage au bout des mots.

Trois-six mois

Quand je me réveille, je cherche mon téléphone, réflexe primaire 2.0. Je fais l'état des lieux de mes heures ensommeillées. C'est devenu une habitude depuis l'apparition des réseaux sociaux. Le monde virtuel ne dort jamais. Il y a ceux de la nuit, qui dormiront plus tard, quand le soleil se lèvera ou même après leur mort. Je ne trouve pas de réponse à cette question : « Mais quand se reposent donc certains de mes "amis" ? » Et puis il y a ceux, campés sur d'autres fuseaux horaires, pour qui ma nuit est leur jour. Il y a encore l'information continue, qui ne cesse de produire des lignes de texte, des articles sur tout et tout le temps.

Alors le réveil est une mise au point.

En allumant l'appareil, je découvre que Martin m'a écrit. Ses messages datent de tard hier soir, ou tôt ce matin. Deux heures treize. À deux heures treize Martin voulait me dire qu'il pensait à moi, et à Thelma. Il ajoute qu'il est aviné, et ne serait pas étonné de ne pas reconnaître ses mots au réveil ni les silences qu'on devine en pointillé derrière ses phrases. Mais il insiste, porter Thelma lui manque, il a aimé le visage et le sourire de ma fille dans ses bras. Quand nous nous reverrons mercredi, Thelma sera chez une amie pour la nuit, il le regrette et s'en réjouit à la fois, il ne sait pas bien, il met ça sur le compte de l'alcool qui rend incertain, parfois.

Je ne veux pas d'un nouvel amour, les peines qui leur sont liées demandent une énergie que je dois désormais donner à ma fille. Il faut être prêt à fournir du temps et des larmes au bonheur, j'ai vidé tout ce qu'il me restait d'eau à l'intérieur à l'heure de la naissance de Thelma. Si je le souhaite, je pourrai faire un jour le thème astral du plus extraordinaire chagrin de mon existence, et je déteste cette idée que le pire et le meilleur soient ainsi ligotés de façon implacable dans ma mémoire.

Martin semble prêt à mener le combat du quotidien avec moi, il parie sur nous comme on mise sur l'avenir, comme j'imagine certains fatalistes jouer quitte ou double au casino, parce qu'ils ne voient plus rien d'autre à faire pour leur salut, ou qu'ils croient aveuglément en la possibilité d'une chance insolente. Martin ne me connaît pas et il veut pourtant livrer avec Thelma et moi la plus importante guerre du couple, le moment de l'effort complet, l'ordinaire des jours normaux, des couches et des dîners auxquels on arrive en retard, des bébés que l'on porte sur quatre étages tandis que des amis nous attendent ailleurs.

Je sais que les débuts sont pleins de promesses et de facilités, que c'est le moment où tous les étages de l'univers paraissent moins hauts, les retards moins importants ; les débuts sont un espace-temps parallèle où les manies sont des mignonneries qui font sourire et les défauts des détails insignifiants. Je voudrais qu'existe quelque part un grand livre des histoires sans avenir tenu par un papi plein d'expérience. On viendrait le voir avec notre commencement d'amour sous le bras, on lui paierait ses services comme on va chez le médecin et, après une auscultation sommaire et des questions précises, il nous dirait si l'histoire en vaut la peine, si le ticket est valable pour la vie ou seulement pour un tour. Je serais prête à payer très cher pour ne plus verser de larmes inutiles et ce papi serait mon héros bien avant Dieu. Mais comme le vieil homme de mes rêves n'existe pas, j'hésite à donner sa chance au futur, j'ai appris à apprécier le calme reposant de l'amour exclusif qui nous lie, ma fille et moi. Je veux le prolonger encore un peu. Cette passion est sans risque, sans tromperie, sans départ véritable, sans renoncement définitif. Ma fille est mon bijou à jamais, je ne sais pas si je suis prête pour cet amour-là, mais je sais qu'il s'apprivoise et qu'il ne trahit pas. Je serai une mauvaise mère parfois, j'abîmerai peut-être ma fille en pensant bien faire, je m'énerverai pour rien ou pour beaucoup, je la mal-aimerai, la trop-aimerai ou pas assez selon les instants, je serai dépassée, malmenante et malmenée, je pourrai la faire pleurer jusqu'à vider son corps de toute son eau ou le voir s'emplir de haine en pensant à moi. Tout, je pourrais tout faire à ma fille sans que jamais je cesse d'être sa mère. Ce qu'il y a entre nous ne se lasse pas, ne perd jamais l'élasticité des débuts et ne connaît ni la jalousie ni la tromperie.

On ne change ni de mère ni de fille, c'est ainsi et à jamais, effrayant et rassurant, c'est tout ce qu'il reste de ce que l'on appelait avant la « stabilité familiale ». Après la famille, il a fallu inventer ses produits dérivés pour coller à l'époque : la famille nucléaire, la famille monoparentale, la famille recomposée... J'ai toujours apprécié la délicatesse des faiseurs de mots qui ont ménagé nos âmes en donnant naissance à cette expression, « famille recomposée », sans pour autant imposer celle de « famille explosée » sur laquelle elle fait pourtant son nid. Ces gens de l'Académie et du *Larousse* sont finalement des âmes sensibles, sortes de fleurs bleues du verbe, éternels enfants optimistes qui jouent avec la beauté du langage en espérant qu'il en sorte des actes merveilleux. Alors on recompose sans décomposer avant, et on est une nouvelle famille sans être un ancien échec. Thelma et moi, on est une famille spontanée, une cellule d'amour souche, sans origine ni passé. Si je croise un jour ces hommes des dictionnaires, je leur parlerai de notre cellule pour qu'ils lui trouvent un adjectif invariable et merveilleux.

Mon papa ne revient pas. Je voudrais dire à maman que je veux le revoir encore un peu. Je ne sais pas si elle s'est rendu compte que c'était mon papa. J'ai gardé les yeux grands ouverts, à en voir encore plus flou que d'habitude. C'était tout sec dedans et ça faisait un peu mal quand la paupière repassait enfin sur l'œil. Je voulais que maman s'aperçoive que mon bleu est comme le sien. Mais elle parlait avec des gens autour d'une table dans un grand endroit plein d'allées, de bruits et de monde. Ça doit être une nouvelle forme de supermarché, un peu plus ordonné que les rayonnages de la rue, mais quand même pas aussi rangé qu'au Monoprix, une immense boîte en forme de maison gigantesque, mais sans salle de bains et sans cuisine. Je n'ai jamais entendu maman aller dans ce genre de lieu quand j'étais dans son ventre, jamais non plus depuis. J'ai vu maman et papa regarder des panneaux devant les allées, comme quand maman cherche les lingettes pour mes fesses dans les rayons des grandes surfaces et qu'elle répète : « Bébé… Bébé… Bébé… » Maman finit toujours par trouver les lingettes, parfois la marque n'est pas la bonne, mais ça ne la dérange pas vraiment. Je ne sais pas si maman et papa cherchaient une marque de gens spéciale dans ce nouvel endroit. Maman a appelé ça un « palais des expositions », alors j'ai pensé qu'on finirait par rencontrer des princes et des princesses dans ce grand palais, pourtant il n'y en avait pas autour de nous, ni de ça ni de beau cheval blanc. Ce que je sais, c'est que quand ils ont trouvé les gens qu'ils cherchaient, maman est allée autour de cette petite table où elle a parlé dans une grande cuillère avec un bonnet en mousse, et moi je suis restée avec mon nouveau papa à l'écart. D'habitude, quand maman a des rendez-vous, elle me pose sur les banquettes des cafés ou des restaurants, ou bien sur un bout de bureau. Ce jour-là, je ne suis pas restée seule, papa ne m'a pas lâchée. Mais je ne sais pas s'il m'a reconnue, il n'avait pas l'air sûr que j'étais son bébé à lui, alors que pour moi c'était déjà complètement certain. Je ne cherchais pas de papa pour moi au départ, j'avoue que ce n'était pas ma quête initiale. Mon but c'était maman, lui trouver quelqu'un en béton armé, ou même juste assez solide pour consolider tout ce qu'elle a de friable dedans. Mais quand je suis restée avec mon nouveau papa pendant que maman discutait avec la cuillère poilue, je me suis dit que ce serait quand même bien de garder ce papa-là rien que pour moi. Quand des gens que je n'avais jamais vus avant, et qui n'avaient pas l'air d'être ses amis non plus, demandaient si j'étais sa fille, il disait que non. J'aurais voulu pleurer de toutes mes forces en l'entendant dire : « Non » tandis qu'il souriait comme si c'était une question absurde. Je voulais ouvrir le robinet à larmes, ça remontait dans la gorge. Mais j'avais peur de le faire fuir, alors je me suis forcée à garder un air heureux pour qu'il reste avec moi. Du coup, les gens demandaient mon prénom et félicitaient papa pour mes sourires. Il avait l'air fier, papa, il ne m'avait peut-être pas encore reconnue, mais il avait l'air fier. J'espère qu'à force d'être fier il sera mon papa pour de vrai.

Puis maman a quitté la table et nous sommes partis de cette immense boîte pleine de gens. De nouveau, on a attendu une voiture dans les allées de la vie du dehors. On a attendu longtemps, maman avait l'air gênée et papa aussi, un peu. Moi, j'étais bien. Je n'ai pas cessé de regarder papa, jamais. Il semblait beaucoup plus fort que maman, bien plus grand aussi. Pourtant, maman est bien plus haute que moi. Mais là, papa c'était autre chose, je pourrais tenir tout entière sur son avant-bras, s'il voulait. Il m'a serrée contre lui tout le temps et cherchait toujours à ce que je sois bien. Dans la boîte, il a deviné que j'avais chaud et il m'a découverte avant de me serrer contre lui de nouveau. Le seul moment où il m'a décollée de son pull, c'était pour enlever ma combinaison. Quand je sors seule avec maman, j'ai toujours chaud. Elle ne me retire jamais cette grosse doudoune rose pâle en dehors de la maison. Un jour, c'était il y a quelques nuits maintenant, elle m'a expliqué que c'était pour me tenir facilement. Elle pleurait un peu en me racontant ça, je crois, mais je ne suis pas sûre, elle avait l'air triste en tout cas. Elle ne cessait de dire : « Pardon », car elle savait que j'avais très chaud là-dedans, elle me demandait pardon de me faire subir ça, mais disait que sans la combinaison je glissais dans ses bras quand elle montait les étages. Et puis elle avait l'impression que j'étais protégée contre tous les malheurs de la vie là-dedans, comme si j'avais des airbags, alors elle ne voulait jamais m'en sortir quand on était dehors, car je crois que dehors lui faisait encore peur. Papa, lui, il n'a pas peur du dehors. Peut-être que tous les papas sont comme ça, ils n'ont jamais peur, ni du dehors ni du dedans. En tout cas, il n'a pas cessé de me retirer mes épaisseurs dès qu'on quittait les allées de la rue. Je n'ai jamais eu trop chaud dans les bras de papa. C'était bien.

Dans la voiture que conduisait un monsieur qu'aucun de nous trois ne connaissait, nous avons pris le chemin d'un café près de la maison dans lequel maman m'emmène souvent. Je l'aime bien, ce café, il y a des tables carrées et maman en demande toujours deux, elle les colle, s'installe sur l'une avec son rendez-vous et me pose sur l'autre. Là, j'écoute, je ne peux pas bien voir avec ma tête vers le ciel. La vie de bébé, c'est souvent d'avoir la tête en l'air ! C'est pour ça que j'aime cet endroit. Dans les autres cafés, quand maman me pose près d'elle, je vois le plafond et, même si j'écoute tout ce qui se passe autour, je m'ennuie. Dans ce café-là, je crois qu'il s'appelle La Verrière, *je ne m'ennuie jamais, car le plafond est fait de grandes fenêtres qui laissent voir le ciel. Alors je regarde et j'écoute. J'imagine le visage de ceux que j'entends en observant le mouvement des nuages, je comprends qu'il y a des enfants aussi, mais pas des comme moi, des petits capables de courir et de raconter plein de choses à leur papa et à leur maman. Et quand ma maman à moi m'attrape dans ses bras pour partir, je connais la vie de toutes les tables comme après une grande réunion de cousins dans le noir. Souvent, avant de sortir, j'essaie d'assembler les visages avec les vies que j'ai espionnées, allongée sur le bois vernis. Mais cet après-midi-là, avec maman et papa, je n'ai rien voulu savoir des autres, je voulais juste tout savoir sur papa.*

Maman avait une voix bizarre quand elle lui parlait, elle hésitait, un peu comme quand elle me répète : « Tout va bien se passer » et que je fais semblant de croire qu'elle en est sûre. Ils ont parlé de moi, beaucoup. Maman a dit plein de choses extraordinaires sur ce que j'étais et ma sagesse exemplaire, on aurait cru qu'elle voulait faire monter la cote d'un cheval à Vincennes où on va parfois toutes les deux. Moi, ça m'allait bien, c'était comme si quelque chose l'intéressait chez lui plus que chez ceux dont elle m'avait parlé avant. Elle a peut-être compris que je le voulais encore plus pour moi que pour elle, et c'est pour ça qu'elle me décrivait comme un diamant précieux. Elle ne se comportait pas avec lui comme avec tous les autres, elle essayait d'avoir toujours une voix posée et réfléchie, et le bout de ses phrases partait dans les aigus comme le jour où la dame de la caisse d'allocations familiales lui a demandé si elle allait s'en sortir seule et que je l'ai entendue raconter après à sa maman à elle qu'elle avait eu peur qu'on la prenne pour une mauvaise mère.

Du haut de ma table qui donnait sur les étoiles, j'ai appris plein de choses sur papa, qu'il avait une sœur et puis une maman et un papa à lui, mais loin d'ici, des amis aussi, dont il a dit qu'ils étaient gentils, et un appartement pas très loin du nôtre. J'ai pensé que c'était bien pour venir me voir tous les jours, de vivre à côté, mais que ce serait plus simple qu'il vive à la maison avec nous. Peut-être qu'il a peur du chien ou quelque chose comme ça, et que c'est pour ça qu'il vit ailleurs.

À un moment, je l'ai entendu raconter que les « autres filles », mais je ne sais pas de qui il parlait, étaient trop compliquées pour lui, parfois pas assez intelligentes, ou trop prétentieuses, ou bien encore que l'avenir n'était pas imaginable avec elles. Elles avaient toutes quelque chose qui n'allait pas. C'est là que j'ai eu très peur. Apparemment, il avait essayé plein d'autres filles qu'il n'avait pas du tout aimées avant moi. Je ne sais pas si je suis intelligente et je ne sais pas bien ce que veut dire « prétentieuse ». Je crois que ça a à voir avec la vision qu'on a de soi, j'ai entendu maman parler de ça un jour au téléphone à propos d'un garçon insupportable avec qui elle avait discuté et dont apparemment elle ne voulait franchement pas comme papa. J'espère que papa ne va pas trouver que j'ai quelque chose qui ne convient pas comme celles qu'il a connues avant. Je n'ai essayé qu'un seul papa mais je sais que c'est le bon.

Après le café, on est sortis tous les trois dans la rue. Papa m'avait remis ma combinaison et me tenait tout contre lui. Il sentait bon, une odeur rassurante comme celle de maman, mais avec une autre douceur. Papa, quand il me regarde avec ses yeux qui sont comme les miens en plus grand, c'est comme si je réussissais tout un tas d'examens importants sans avoir à les passer. Dans ses yeux, je cours un cent mètres haies en 12,19 secondes, je bats Adonis Stevenson à mains nues, je suis choisie pour l'Eurovision, je défile pour Coco Chanel ! J'ai entendu tout ça à la télévision, je ne sais pas bien ce que ça veut dire, mais tout le monde avait l'air de trouver ça exceptionnel ! Avec papa, je suis sur la première marche du podium, il me regarde comme si j'étais une princesse de conte de fées et moi je me sens tout d'un coup invincible.

Sur le trottoir, il a expliqué à maman qu'il devait partir pour un dîner qui avait commencé depuis longtemps mais qu'il nous ramènerait à la maison avant, maman et moi. Il a dit que j'étais trop lourde pour maman et qu'il préférait me porter pour qu'elle ne se fasse pas mal au dos. Il fait très attention à elle, comme si elle était un petit objet fragile et cassant. Je crois que papa aimerait bien mettre du plastique à bulles tout autour de maman, comme pour les déménagements qui bloquent les rues et qui l'énervent quand elle conduit, il a peur qu'elle se brise. Pourtant, maman n'est pas complètement cassable, quand parfois je balance mon hochet en bois sur elle, elle ne s'effrite même pas. Le vase, lui, il était bien plus fragile que maman, il n'a pas survécu à mes gestes brusques et maman a passé un long moment à ramasser tous les petits morceaux de verre par terre. J'espère que maman ne se cassera jamais en mille morceaux sur le sol, d'abord c'est long à ramasser et, surtout, ça a eu l'air d'être un moment très triste. Je ne voudrais pas être triste parce qu'on aurait cassé maman.

Quand on s'est retrouvées dans notre appartement, en haut des quatre étages, papa n'était plus là. Maman m'a mise en pyjama, elle a embrassé le creux de mon cou et elle l'a respiré très fort, on aurait dit que j'avais mis un parfum rare, sauf qu'il n'y avait rien d'autre que l'odeur de ma peau. Elle a eu l'air d'aimer ça, beaucoup, elle est restée longtemps la tête cachée dans mon cou. Puis elle m'a bercée en regardant le monde d'en bas par la fenêtre. Elle ne m'a pas parlé, ne m'a rien dit sur papa, puis son téléphone a fait un bruit pour la prévenir qu'elle avait reçu un message. Quand elle l'a lu, je l'ai vue sourire, je crois.

Le mercredi a fini par arriver sans que je sache vraiment quoi en attendre.

Ma fille est partie chez une amie il y a quelques minutes à peine, en colonie de vacances en quelque sorte, mais j'ai l'impression étrange de l'avoir mise entre les mains d'une professionnelle mieux à même que moi d'assouvir ses moindres désirs. Les mères qui m'entourent s'étonnent de la facilité avec laquelle je laisse partir Thelma pour des durées plus ou moins longues chez des proches. Elles me racontent leurs crises d'angoisse lorsque leur enfant est chez une grand-mère, ou même une tante, et ont érigé en règle incontournable et absolue l'impossibilité de confier leur descendance plus de quelques heures à une personne qui ne partagerait pas le même sang qu'elles. Je n'ai pas ce problème d'hémoglobine, ce qui se passe sous ma peau n'a jamais influé sur la foi plus ou moins grande que je dois accorder aux gens. Je ne me reposerais aucunement sur certaines branches familiales, tandis que j'ai la prétention d'avoir pour richesse extraordinaire un cercle restreint d'amis à qui j'accorde toute ma confiance, au point d'être convaincue que certains sauront toujours mieux prendre soin de ma fille que moi-même. Je sais que Thelma trouve chez eux une attention permanente et entièrement dévouée, le sourire et l'admiration devant ses moindres mouvements. Je n'ai pas cette faculté étonnante et merveilleuse qu'ont nombre de parents à s'ébahir devant chaque éternuement de leur enfant, comme s'il était la manifestation d'un rapport direct au sacré. Ma fille est mon tout petit morceau d'amour, elle est ma perfection et ma galaxie, mais elle n'est l'élue d'aucun dieu, et ses gestes maladroits ne sont rien d'autre que des gestes maladroits. Parfois, je sens le germe de la mauvaise mère grandir à l'intérieur de moi, comme si la graine avait été déposée là par ma propre mère au moment de la passation de pouvoir. Alors je vais vers mon bébé et je la serre fort dans mes bras en lui répétant que je l'aime et que cet amour dure même quand je la laisse chez mes amis pour plusieurs jours.

Thelma a souri, comme pour me rassurer, puis elle a ri de bon cœur dans les bras de Laura au moment de rejoindre sa fille et son mari à quelques kilomètres à l'ouest de Paris. Quand la voiture s'éloigne, je sens qu'en emportant le bébé Laura me rend à ma vie d'avant, le temps de quelques jours. Je ne sais pas si j'aime ce retour en arrière. J'apprécie la liberté qui va avec, tout en ayant l'impression que je deviens, en quelques secondes, la fille la plus inutile du monde. On est mercredi matin, ce soir je verrai Martin et nous ne serons plus que deux. Il n'y aura pas d'enfant à porter, pas de micro-sourires pour nous donner une contenance.

Il faudra accepter nos regards gênés, suggérer nos désirs d'avenir à demi-mot sans avoir l'air d'y avoir trop pensé. Le moment de la rencontre est épuisant et merveilleux, la découverte est une promesse d'heureuse surprise quand l'expérience nous impose l'interdiction d'une béate acceptation de tout. Le passé fait repoussoir, on connaît l'éventail des possibles, l'inacceptable aussi. On sait les belles histoires qui finissent au caniveau des romances ratées, ces petits défauts qui ne se marieront jamais avec les nôtres, les toujours qui ne vont pas plus loin que demain, les promesses que l'on fait sans y croire, les façades rutilantes qui dissimulent des intérieurs fissurés. Les murs de ma maison intime ne reposent sur aucune charpente réglementaire, et il n'est plus question de laisser qui que ce soit en détruire les cloisons fragiles. Je veux au contraire un homme en acier hyper puissant qui saura consolider l'existant tout en prenant soin de ne pas abîmer les pierres d'origine.

Martin doit passer me prendre en bas de chez moi dans deux heures.

La pièce commence à vingt et une heures. Les théâtres sont d'excellents lieux pour les rencontres autant que pour les découvertes. Ils n'autorisent pas les mains négligemment posées sur la nôtre dans le noir d'un cinéma, pas non plus les conversations gênées des premiers moments. Si les affinités et les attirances se délitent au fil des heures, on parlera du jeu des comédiens ou de la mise en scène. Au pis aller, le théâtre permet d'invoquer une fatigue soudaine et compréhensible après un troisième acte qui prendra fin vers vingt-trois heures, on peut alors se séparer sans explication de texte et dans une courtoisie reposante.

C'est Martin qui a choisi la pièce, l'adaptation d'un roman de Milan Kundera, sans doute le meilleur auteur vivant à mes yeux. Le rôle principal est tenu par un comédien au talent fou, il est accompagné sur les planches par plusieurs acteurs que l'on dit bons.

Le théâtre est à l'autre bout de Paris, comme souvent. Martin a proposé de passer me prendre avec assez d'avance pour parer aux inévitables embouteillages qui sont devenus, plus que de coutume, le lot des Parisiens depuis que leur bien-aimée mairesse s'est piquée de rendre la ville piétonne pour alléger le bilan carbone de la Ville lumière et, qui sait, gagner quelques « points paradis » au passage. Je ne sais pas si l'intention était véritablement de s'ouvrir une voie royale vers le ciel au moment de se présenter devant saint Pierre, mais ce qui est certain, c'est que la facture nuisance lui a été présentée comptant par des automobilistes fous de rage de voir leur temps de parcours gentiment doublé à chaque sortie en ville. Quant à la facture de CO_2, l'histoire ne dit pas si les embouteillages engendrés ont fait monter en flèche le taux de gaz toxiques mais, de vie de pédiatre, la capitale n'a jamais ausculté autant de nourrissons touchés par des toux asthmatiformes directement liées à la déplorable qualité de l'air.

À dix-huit heures trente, Martin me téléphone. Il est en bas. Il me faut encore cinq minutes pour ne faire que des choses inutiles et capitales, comme les filles en font toujours au moment de partir en retard. Je n'ai pas fourni de vrais efforts vestimentaires, je ne sais pas pourquoi, peut-être par volonté de ne rien travestir de la vérité sous des couches de tissu qui enjolivent tout. Je n'ai pas non plus voulu appuyer le maquillage, pas même un peu, tout juste ai-je pris soin de libérer mes cheveux d'ordinaire facilement noués sans soin à la verticale au-dessus de ma tête. Je ne veux donner à Martin que le quotidien, tout de suite, ni plus ni moins. Pas lui offrir l'illusion d'une fille un tout petit peu mieux que moi et qui ne serait qu'un leurre, une chimère. Autant passer outre l'émerveillement du commencement et entrer sans prologue dans le dur de la vie. Pas question de revivre la descente, la chute. Les couples se rencontrent comme les cocaïnomanes découvrent la came. Ils ne prennent à chaque *shoot* que le merveilleux et l'extraordinaire, vivent des expériences paranormales et pleurent toutes les larmes de leur corps au moment où s'estompent les effets des produits. Un jour, ils se réveillent sans vraiment comprendre ce qu'ils ont pu aimer chez cet être sans charme, accros malheureux, priant qu'on les sorte d'une addiction destructrice. Je ne veux pas être la vamp qui promet chaque nuit des déshabillés de soie, pas non plus l'héroïne juchée sur des talons de dix centimètres pour sortir le chien à midi. Je ne veux cacher à Martin ni mes défauts, ni mes qualités, ni la difficulté d'inclure, du jour au lendemain, un bébé dans sa vie.

Je finis par descendre après avoir rapidement pris des nouvelles de Thelma, d'un coup de fil. Le « Tout va bien » de Laura me convainc de sortir en paix. Martin m'attend avec un sourire à la fois gêné et rassurant. Il me demande comment va ma fille, juste après avoir précisé que j'aurais pu traîner encore, puisqu'il est en avance. Martin prend soin que rien ne m'abîme, ni le manque de l'enfant, ni son arrivée plus tôt que prévu, pas même les embouteillages, qu'il promet d'éviter autant que possible. Il veut que je me sente bien, adapte la température de la voiture à mon envie, propose de mettre de la musique, me raconte ce qu'il sait de la pièce de ce soir, m'invite à dîner après, passe un appel professionnel, s'excuse, m'assure qu'il n'y en aura pas d'autres. J'aime cette capacité qu'il dégage à organiser le temps qui vient, comme si les secondes lui appartenaient, comme si tout ce qui m'angoissait chaque jour, savoir dompter les heures pour qu'elles filent doux, n'était plus de mon ressort mais du sien. Ses silences me disent de ne penser à rien, il s'occupe de tout.

Arrivés en avance, nous buvons un verre après avoir récupéré les places au comptoir. Devant deux pintes, Martin m'explique sa passion pour le football américain, sa blessure au genou qui lui interdit les entraînements depuis bientôt un mois, son travail qui commence si tôt le matin. C'est comme s'il s'était tellement vu reprocher sa vie par celles d'avant, sa présence dans les hôpitaux à huit heures du matin, les kilomètres parcourus en voiture et qui l'obligent parfois à se lever à cinq heures quarante-cinq, les entraînements de foot qui prennent tant du temps qu'il lui reste, les retours du stade à vingt-deux heures quinze, les matchs les samedis ou parfois même les dimanches, c'est comme si ce tableau avait suscité tellement de problèmes jusqu'à aujourd'hui qu'il voulait tout mettre sur la table d'un seul coup, repeindre en noir ébène le moindre recoin de son quotidien, avant même d'avoir fini sa pinte. Martin me lance au visage ce que les autres ont détesté comme je lui ai sorti mes vieux jeans troués pour aller au théâtre. Il avale sa dernière gorgée en racontant ses amis dont certaines femmes ont voulu l'éloigner, parce que, après le travail et le football, elles n'admettaient plus de partager. Après avoir fait le tour de ses points noirs et avant même d'avoir réglé nos consommations, Martin n'ose plus me regarder dans les yeux et semble espérer que je vais quand même accepter de le suivre jusqu'à la salle où la pièce va enfin commencer. Au moment de sortir du café, il me tend la main et je la prends, comme pour lui dire que tout ça n'est pas grave, vraiment pas.

La pièce est un émerveillement. L'acteur principal, que j'ai déjà vu jouer, est resté ce magicien qui sait me tirer par le bras où que soit mon esprit, mère ou jeune effrontée, triste ou souriante, pour m'emmener là où le temps et les incertitudes n'existent plus, comme s'il avait la clé d'un ailleurs bien loin de la Terre. Sur scène, il est cette fois ce serviteur attaché à son maître où qu'il aille et qui, sous la neige et portant les sacs, demande : « Où va-t-on ? » Alors l'homme lui répond : « En avant ! » Mais le serviteur s'inquiète : où se trouve « en avant » ? « En avant, c'est n'importe où ! Où que vous regardiez, n'importe où, partout, c'est en avant ! »

Je sors de là comme on prend une claque qui parvient enfin à nous sortir d'un coma profond. Martin me regarde et me demande si je veux aller dîner, si je ne suis pas trop fatiguée. Je ne réponds pas tout de suite, il semble s'inquiéter, me repose la question, cherche une réponse dans mes yeux, me dit qu'il comprendrait que je sois trop fatiguée, qu'on peut tout aussi bien remettre le dîner, qu'il n'y a aucune obligation et qu'il ne prendra rien comme une insulte. « En avant ! » je lance sans le laisser finir l'inventaire des bonnes raisons de ne pas aller n'importe où, partout. Je suis ce comédien que je voyais marcher de dos sous la neige sur cette scène plongée dans le noir, ce comédien merveilleux avançant vers nulle part, certain que la route sera belle tant que son maître la prendra. Je veux que Martin m'emmène au restaurant ou sur la Lune, que nous dînions de poissons volants, de légumes inventés pour nous et de fruits imaginaires, je veux qu'il adopte ma vie comme si c'était la sienne, je veux dessiner des étoiles au bout de ses journées, qu'il sache tout le moche, tout de suite, et qu'il trouve ça beau.

Quand il me regarde, Martin ne sait pas encore que je suis restée sur scène, il me propose d'aller dans une brasserie, un peu plus bas dans la rue. Peut-être y trouve-t-on des poissons volants.

Un peu plus tard, nous sommes assis à une table, près de la fenêtre. J'observe les couples passer dans le froid de l'hiver. On est en janvier, le 20. Il est tard et je ne veux pas rentrer chez moi sans Martin, ni attendre le lever du jour à cette table. Je ne me sens pas non plus prête à le suivre dans son repaire de célibataire. Puis Martin bredouille quelque chose qui doit vouloir dire qu'il préférerait me ramener chez moi, et même y rester, qu'il ne sait pas à quoi ressemblera demain, mais qu'il voudrait que j'en fasse partie. Il ajoute que, quand Thelma rentrera, il faudra lui donner son bain et qu'à deux c'est plus facile. Il m'a entendue dans la voiture dire à Louise, au téléphone, que je n'arrivais pas à maîtriser ce moment dans ma toute petite salle d'eau. Martin n'a jamais donné le bain à un bébé, il me l'a dit, il n'a aucune idée de ce qu'il propose, il sait juste que, seule, je n'y arrive pas.

Nous sommes rentrés en silence, avons bu deux bouteilles de champagne en souriant jusqu'à ce que les lumières de la rue s'éteignent, et nous nous sommes endormis. J'ai passé la nuit serrée dans ses bras, habillée, sur le lit que nous n'avons pas défait. Il ne s'est rien passé cette nuit-là, rien du tout, et pourtant tout semblait complètement évident au réveil.

À six heures du matin, Martin me demande l'autorisation d'utiliser ma douche avant de prendre la route pour l'hôpital du Havre, à plus de deux heures de voiture d'ici. Il n'est pas encore arrivé sur place quand je reçois son message. Il veut savoir si ma fille rentre bien ce soir, et comment elle va, et si j'ai besoin d'aide pour le bain. Il m'écrit aussi qu'il a souri au volant tout le chemin, qu'il ne sait pas pourquoi mais qu'il aime ça. Je cherche les mots pour lui répondre quand arrive déjà un autre message, où il ajoute que c'est étrange, que je lui manque et que ma fille, qu'il a si peu vue et seulement tenue dans ses bras, tout contre lui, lui manque de façon tout aussi constante et totale. Il ressent une absence mystérieuse et redoutable, comme si quelque chose d'impalpable s'était joué entre eux deux et qu'il ne faille désormais plus jamais les séparer. Il précise que son envie de me revoir et de me serrer dans ses bras est tout aussi réelle que celle qu'il éprouve de revoir mon enfant, mais différente, et que, finalement, les deux manques sont tout autant liés que complètement dissociés : ce sont deux évidences qui se recoupent sans jamais se confondre. Il écrit comme on essaie d'expliquer l'improbable, comme on veut convaincre de la vie sur une autre planète alors qu'on n'a toujours cru qu'en la Terre. Martin s'excuse de son exaltation, il dit « effrayant », « fuir », « rester », « futur ». Il balance tout ça, ajoute que c'est fou, et je réponds, rassurante, que je trouve ça joli, tellement joli. Je pose le téléphone en me disant que cette histoire-là vaut peut-être la peine d'être réussie.

Quand Thelma rentre de chez Laura, tout a changé à la maison. Elle n'est partie que trois jours, quelques heures et peu de biberons, pourtant les murs n'ont plus la même odeur. L'appartement était un repaire de filles, une taverne exclusivement féminine où Ludi battait la mesure de notre rythme improvisé. Mais Martin a laissé son empreinte à la surface de chaque meuble. Sa nuit passée ici a imprégné l'espace comme si les pièces avaient voulu copier ces dames qui, un matin, décident de changer de parfum à jamais. Il veut revenir dormir ce soir, après Le Havre, m'aider pour le bain, être le relais de Ludi et même un peu plus qu'elle. Puis il dit qu'on verra pour demain, qu'il va prendre quelques affaires au cas où la nuit serait une redite de la veille, il dit ça mais ne veut m'imposer aucune pression, si je le souhaite il rentrera chez lui après le bain, ou après le dîner, ou bien même jamais.

Quand il arrive, Ludi sourit et enfile son manteau pour traverser Paris jusqu'à chez elle. Elle l'appelle avec humour « *Martin the second* » comme on parle des rois de France, comme s'il était un prince ou un archiduc. Elle dit « *Martin the second* » avec toute la tendresse du monde. Martin sait qu'il est le deuxième du nom dans cet appartement, il n'en parle pas, c'est une vérité enterrée dans un bois éloigné, un bois où l'on ne va jamais, où l'on ne veut plus mettre les pieds. Avant de passer le seuil, avec son anglais de Philippine immigrée en France et l'œil protecteur de tout l'amour qu'elle porte à mon enfant, elle me murmure : « *Have you seen how my little princess is looking at him?* » Thelma est sa « *little princess* » depuis la naissance, le dernier bébé ultra-précieux que ses bras devenus trop vieux aideront à découvrir le monde. Elle dit qu'elle n'élèvera plus jamais d'autres bébés comme les artistes passionnés décident un jour de raccrocher les gants, une grosse boule de mélancolie dans la gorge. Je lui réponds que je n'ai pas vu le regard de Thelma sur Martin, mais celui qu'il portait sur l'enfant. Il a franchi le seuil de l'appartement un bonnet rose pâle à petites oreilles dans un sac en papier. Il s'est excusé, ça n'était pas grand-chose, et il manquait un paquet cadeau pour bien faire, mais il n'avait pas eu le temps. Puis, il a pris Thelma contre lui comme si elle avait été la chose la plus importante du monde à ce moment-là de sa vie. Il lui a parlé avec de la joie et du bonheur dans la voix, ravi de lui annoncer que, ce soir, le bain ce serait lui !

Il faut monter dans ma chambre, poser la petite baignoire en plastique dans le fond de la douche, s'agenouiller au sol pour manipuler le tout, avoir le nez à hauteur de ma brosse à dents, frôler ma serviette de bain bleu ciel, ne pas faire tomber mon lait démaquillant posé sur le meuble, ni mon parfum placé à côté… Il faut accepter d'entrer dans cette intimité-là pour donner le bain à l'enfant. Mais Martin n'y pense pas, ou plutôt comme une évidence. Il est maladroit avec Thelma, ne sait pas trop bien par où commencer, me demande la bonne température pour l'eau, avoue qu'il n'a jamais déshabillé un bébé, mais que demain il se sera amélioré. Il parle de demain comme si le futur ne faisait aucun doute, comme si les jours étaient solides désormais. Thelma ne lui en veut pas de ses gestes gênés, elle se laisse allonger sur le lit, ne dit rien quand il fait passer ses petits bras par le col de son body, car il n'a pas vu les boutons-pression, en bas. Le milieu hospitalier l'a néanmoins familiarisé avec les gestes de soins, il lui retire sa toute petite couche et la replie comme une grosse enveloppe avant de la glisser dans la poubelle. Il prépare le pyjama pour après, sur le côté, prévoit son tout petit peignoir sec et ouvert sur le lit, il suppose qu'il est à elle en le voyant suspendu. Je le taquine, m'insurge en assurant que c'est le mien, et je vois une lueur d'excuses dans son regard, le temps du doute passe assez vite lorsqu'il constate que la petite cape ne mesure pas un mètre de haut. Puis il me demande si j'ai une serviette pour elle et prend l'initiative de la mettre sur le support chauffant, « ce sera plus agréable, en sortant du bain ». J'observe le ballet des gestes hésitants comme on admire les petits rats de l'Opéra. Martin est circonspect sur la température idéale à respecter pour le bien du bébé, il trempe le doigt dans l'eau de la baignoire en plastique qu'il vient de remplir, trouve que c'est un peu chaud, ajuste avec un peu d'eau froide et décide, à l'instinct, que ce sera parfait. Je me permets de lui donner le thermomètre qui attend de servir près du lavabo. Il regarde l'objet comme on découvre un mot nouveau : une petite marguerite de plastique rose avec affichage digital. « À ton avis, que se passe-t-il dans la tête des concepteurs de thermomètres pour bain de bébé pour qu'ils décident de les faire en forme de marguerite ? A-t-on jamais vu une marguerite rose flotter dans l'eau ? » Je n'avais jamais songé à cela. Je me dis que peut-être, demain, j'irai acheter un thermomètre en forme de dauphin, par cohérence, même si peu de mammifères marins survivent dans une eau à trente-sept degrés.

Thelma sourit, elle n'aimait pas vraiment le bain jusque-là, mais le déroulement des événements semble lui plaire. Elle remue les bras et les jambes à la façon d'une danseuse maladroite de rock acrobatique. J'ignore comment ce garçon de près de deux mètres a su se plier en suffisamment de pans pour parvenir à hauteur du bébé, dans le bac d'une cabine de douche, italienne certes, mais quand même. Les douches italiennes ont cet avantage non négligeable sur les autres qu'elles n'ont, le plus souvent, pas de cabine pour faire barrage entre la salle de bains et le receveur. Ma fille a l'air heureuse, elle attrape les petits cubes de silicone colorés qu'il lui tend, les emporte sous l'eau avec elle et les laisse s'enfuir d'un coup sec. Martin comprend vite qu'il ne s'en sortira pas sans prendre une douche par procuration, il ne s'en offusque pas. « Donner le bain à Thelma, c'est comme être un fumeur passif en fait : tu crois que c'est elle qui va se laver, mais c'est toi qui finis trempé sans même la satisfaction qui va avec ! » On rit. Au bout d'un temps assez long, il se décide à sortir l'enfant de l'eau. Thelma déteste l'idée, elle veut que ce moment qui semble n'appartenir qu'à eux dure encore un peu. Pourtant, elle éteint toute protestation quand il la serre contre lui, la serviette chaude entre son petit corps humide et sa chemise trempée. Puis il la frictionne comme il peut avant de l'allonger dans le peignoir sec. Pardon, pardon de te laisser faire tout ça, pardon de t'abandonner au bain, pardon de te regarder t'agiter comme on visionne un film, lascive, la réflexion au repos, inerte et détendue. Pardon de lâcher prise, pardon de déléguer. Martin entend les pardons que je ne dis pas, qui ne veulent pas sortir, il les lit dans mes yeux et me désigne le pyjama sur lequel je me suis assise sans m'en rendre compte. Puis il me demande si je peux préparer le biberon, dit qu'il aimerait bien le lui donner. Je finis de ranger la salle de bains, observe ma fille dans les bras de Martin sur le canapé, le sens gêné au moment du rot, prends l'enfant quelques instants, attends que tout soit en ordre et la couche dans son lit. Martin embrasse son front comme s'il avait fait ça toute sa vie. Thelma me fixe de ses deux billes bleu acier, on dirait qu'elle cherche à me faire passer un message capital. Je ferme ses volets, ses rideaux, sa turbulette. J'ai toujours aimé ce mot « turbulette », il sonne comme une promesse de bêtises sans conséquences : Votre sommeil va connaître des zones de turbulences, mais ne vous en faites pas, tout est sous contrôle. Fermeture des turbulettes… PNC aux portes… Armement des toboggans… Vérifiez la porte opposée et confirmez. Thelma a toujours les yeux rivés aux miens, elle veut un serment avant de s'envoler dans ses rêves. « Oui, il sera là demain matin. » Elle ferme les yeux. Tranquille.

Quand je quitte sa chambre, Martin me demande si je veux qu'il parte, ou si j'ai faim, ou si je veux voir un film. Comme ma réponse est confuse, il propose d'ouvrir une bouteille de champagne, pour fêter son premier bain de bébé. Je n'ai plus de champagne, ni même de vin. Mais Martin a tout prévu, il a apporté une bouteille au cas où il viendrait à bout du bain sans encombre, dans le cas inverse ça n'aurait pas été inutile d'adoucir la défaite avec quelques bulles. Encore cette façon de prendre en charge chaque moment, de les faire s'enchaîner convenablement. Martin donne une cadence à la soirée, après le temps de l'enfant vient le nôtre. À la fin de la bouteille, je ne veux pas que notre micro-surprise-partie improvisée s'arrête là. Avant – c'est-à-dire il y a mille ans, avant l'enfant et avant même le poseur de graine, lorsque j'avais la vie compliquée, joyeuse, sérieuse et magnifique d'une fille de mon âge, et même des envies de recevoir – je me souviens que j'avais une cave. Cette cave n'a pas bougé, je crois, mais deux années sans visite ont sans doute transformé l'endroit en repaire de toute la crasse du monde, et peut-être aussi des araignées du quartier. Mais Martin n'a peur de rien, il me demande les clés et le chemin. Nous voilà partis, crève-la-soif en manque d'une fontaine joyeuse, dans les sous-sols, dédale de poussière. Rien n'a changé. Par maniaquerie maladive, j'avais, semble-t-il, soigneusement rangé les rayonnages à l'époque, et le temps s'est contenté de n'y ajouter qu'une couche brune peu avenante. Nous restons hésitants entre les millésimes, incapables de choisir entre deux bonheurs. L'heureux élu en main, nous escaladons l'escalier, plongeons la bouteille quelques minutes dans le froid du congélateur et sourions, idiots, face à nos deux coupes vides. Martin essaie de me dire qu'il ne partira pas, plus jamais, que certaines choses de la vie ne s'expliquent pas mais que c'est ainsi. Je ne le laisse pas parler, je fais l'ingénue, raconte des bêtises d'enfant, lui coupe la parole, propose un film, de la musique, les deux... J'ai peur des promesses, les promesses sont des vérités qui ne se vérifient jamais. Nous sortons la bouteille du congélateur, une fine couche de givre s'est formée à la surface du verre. Tout va très vite, le bouchon s'envole, les peurs aussi, la musique nous donne la main, l'enfant n'entend rien de ce bruit-là, nous sommes seuls au monde, par la fenêtre on voit les lumières s'éteindre. Il est tard, combien de vies différentes de l'autre côté de la rue ? Je me demande si au premier étage de l'immeuble haussmannien, celui qui est encore allumé, on termine aussi une bouteille de champagne. À moins qu'il s'agisse d'un malade ? Ou d'un insomniaque ? Tais-toi, laisse la lumière s'éteindre, laisse Martin te raconter demain et tous les autres jours qui suivent, laisse-le déshabiller les heures.

L'aube est arrivée trop vite, mais Martin ne s'inquiète pas de la disparition d'hier. Il veut des lendemains à la fin de chaque jour et, quand je me réveille, je ne suis plus seulement une maman, je redeviens Sasha.

Quand Martin part pour un nouvel hôpital, il est très tôt, sept heures du matin, je crois. Il me dit qu'en fin de journée il ira chercher quelques affaires chez lui, pas pour une nuit, mais pour plusieurs jours. Il regrette que Thelma dorme encore, il aurait voulu lui parler avant de nous quitter, quand bien même elle n'aurait pas su lui répondre. Alors, avant de passer le pas de la porte, il entre dans sa chambre, soulève délicatement sa tête, lui murmure des choses secrètes et l'embrasse sur son petit front. L'enfant ne s'est pas réveillée. Après ce nouveau rituel, il parvient à s'en aller. Je le regarde disparaître et pense que je me sens plus entière qu'hier de savoir qu'il rentrera ce soir.

Papa est déjà reparti. Je suis rentrée à la maison de mes vacances chez la copine de maman, il n'était plus là. Je n'ai pas compris tout de suite pourquoi. Je me suis dit que c'était peut-être avec moi comme avec les autres filles dont je l'avais entendu parler au café, peut-être que plein de choses n'allaient pas chez moi et qu'il ne voulait pas de moi comme bébé. J'ai pensé ça pendant un moment tellement long que j'ai cru qu'il allait durer toute la vie. Puis il est revenu. Papa est revenu et il m'a donné mon bain. C'était la première fois que ce n'était pas maman ou Ludi qui le faisaient. C'était facile et bizarre à la fois. Papa sait me porter d'une main et me mettre ma couche bien à plat en quelques gestes. Quand il s'occupe de moi, plus rien ne peut m'arriver, je crois. Ce n'est pas comme avec maman ou avec Ludi, où je fais attention parce que je sens bien que les choses sont compliquées dans leurs bras plus petits que ceux de papa. Non, papa, lui, tout semble lui obéir. J'aime bien la façon dont il regarde maman, je sens que je ne suis plus seule à prendre soin d'elle quand il est là. Je peux la laisser sans surveillance et me concentrer sur mes cubes dans le bain. Papa est un super-héros. Maman, c'est juste une maman. J'aurais aimé continuer à jouer toute la nuit avec lui. Maman nous regardait, elle ne faisait rien, elle ne s'occupait pas de moi, et moi non plus. Je crois que c'est la première fois que ça nous arrive depuis que je suis sortie de son ventre. À la maternité, je me souviens que les amies de maman reconnaissaient plein de choses d'elle sur mon visage. Et puis sur mon corps aussi. J'ai les mains de maman, qui a les mains de sa maman à elle, qui a les mains de son papa, il paraît que ça fait comme une chaîne, une chaîne de mains ! Je me demande si je ressemble à papa, si on fait une chaîne nous aussi. Je le regarde tout le temps. Il faudrait que quelqu'un me dise si je ressemble autant à papa qu'à maman. Ou à marraine ! Car les amis de maman disent souvent que je ressemble à marraine aussi, même si ce n'est pas possible, a dit maman, mais je ne sais pas pourquoi. J'aimerais qu'il y ait une grande chaîne de mains qui nous entoure, maman, papa et moi. Ou bien une chaîne d'autre chose, une chaîne ultra-solide, qui ne se casse jamais. Le truc le plus étrange, c'est que quand papa me prend dans les bras, c'est comme s'il n'avait jamais tenu de bébé dans les bras avant moi, et pourtant je l'ai entendu parler de ces filles qu'il avait connues mais qu'il n'avait pas voulu garder. Peut-être qu'il ne les avait pas lavées, que quelqu'un d'autre le faisait. Ou peut-être que c'étaient des bébés sales, des petites filles tellement crasseuses qu'il n'en a plus voulu.

Après le bain, papa m'a donné mon biberon et c'est maman qui m'a couchée. J'ai eu peur que papa ne vienne pas m'embrasser, mais il a dû deviner ce que je pensais, car il est venu très vite me faire un baiser sur le front. Je crois qu'on se comprend, papa et moi, c'est comme s'il y avait une fréquence de radio qu'on n'utiliserait que nous deux, et avec laquelle on pourrait tout se dire sans que personne entende. Un peu comme quand maman écoute France Inter le matin et qu'elle dit à sa copine d'Europe 1 que sa radio est bloquée sur la même station depuis toujours. Voilà, papa et moi on est peut-être coincés sur une station depuis qu'on s'est vus pour la première fois. Peut-être que les autres, autour de nous, écoutent une radio complètement différente. Je pensais à ça en buvant mon biberon. Après je ne me souviens plus de rien. Je crois que j'ai dormi un peu, puis je me suis réveillée à cause de la musique, j'ai entendu le bruit des verres, les volets du salon se fermer, maman rire. Ça m'a bercée un moment. Puis j'ai entendu maman et papa monter dans la chambre et j'ai vu tout noir de nouveau. Dormir, c'est comme fermer des rideaux à l'intérieur de soi. J'ai rêvé de papa et de gens qui nous arrêtaient dans la rue pour nous dire qu'on se ressemblait. J'ai rêvé que papa était très fier et qu'il disait que j'étais sa fille. J'ai rêvé ça très fort, mais, quand le matin est arrivé, papa n'était plus là. C'est maman qui a ouvert les volets. Elle n'avait plus la même odeur ni le même regard que depuis que je la connais. Même ses traits avaient changé. Elle m'a installée dans ses bras, sur le canapé. Elle m'a regardée tout au fond des yeux, elle a souri et puis elle m'a demandé si je voulais que papa soit mon papa. J'ai trouvé la question étrange, mais je n'ai pas su comment le lui dire. J'aurais voulu qu'elle connaisse le résumé de mes rêves, qu'elle le lise quelque part comme quand elle regarde le dos des DVD pour savoir de quoi parlent les films. Elle a enfoui ma tête dans le creux de son épaule, et elle m'a dit qu'elle ne voulait pas n'importe quel père pour moi, qu'elle ne voulait pas m'imposer ses histoires et que, si je voulais, on resterait toutes les deux, seulement elle et moi, que ça lui allait très bien, d'être toutes les deux. J'ai voulu hurler que non, crier que je voulais garder papa avec nous et aussi cette nouvelle odeur qui lui allait si bien. Et puis que c'était plus facile d'être un bébé avec papa pour veiller sur elle, que je pouvais cesser de faire attention à son bonheur quand il était là. Je voulais lui dire ça, et que j'aimais la main de papa qui savait me tenir tout entière, et ses yeux qui étaient comme les miens. Que j'étais plus forte et plus belle dans ses bras à lui et que j'aimais voler au-dessus de la Terre quand il m'emmenait très haut contre sa chemise. Je voulais lui dire plein de choses qui ne sortaient pas de ma bouche, qui ne faisaient même pas des sons. Puis papa a appelé, maman a attrapé le téléphone sans me lâcher. Collée contre sa peau, j'entendais la voix de maman résonner. J'entendais aussi la voix de papa, un peu étouffée. Les mots de maman sont tout à coup devenus pleins de sourires, il lui a chuchoté quelque chose que je n'ai pas vraiment compris mais qu'elle a eu l'air d'aimer et qui voulait dire qu'il l'appelait pour rien, je crois. Puis il a demandé si j'allais bien, si j'étais réveillée. Elle lui a proposé de me parler et elle a mis son téléphone tout contre mon oreille. Au début, je n'ai pas vraiment compris ce que je devais faire avec cette machine plaquée contre mon visage. Puis, tout à coup, j'ai entendu papa. Je connais sa voix, je la connais entre toutes les voix du monde, entre toutes les voix de toutes les rues. Et comme je ne pouvais rien dire, j'ai souri, j'ai tellement souri que maman a voulu faire une photo de nos deux visages.

Elle ne m'a plus redemandé si je voulais garder papa. Il est rentré, c'est tout.

Les jours filent comme si tout était normal. Martin s'invente une place dans cette maison. Il devient le père de Thelma comme s'il ne pouvait en être autrement. Il apprend chaque jour de nouvelles préoccupations qui deviennent des évidences, rattrape d'heure en heure neuf mois et quelques semaines de retard. Je suis de nouveau Sasha, reprends goût aux robes à fleurs et aux boucles dans les cheveux, au maquillage aussi. J'ai lu sur Internet que la société concevait les femmes comme des êtres incomplets tandis que les hommes, eux, se suffisaient à eux-mêmes. J'essaie de comprendre cette affirmation. Une femme n'est considérée comme entière qu'avec des enfants, au moins un, et un amoureux quand ce n'est pas un mari. Sans quoi on la perçoit comme un être en devenir, en formation. Petite chenille deviendra papillon, peut-être. L'homme, lui, est d'emblée entier.

Martin fait pourtant le chemin inverse. Tout semble prendre sens à ses yeux, se lever si tôt le matin pour nous retrouver le soir, rêver du sourire de l'enfant et de notre petit gang à tous les quatre : Thelma, moi, Martin et le chien. Peu partageront notre nouvelle vie : Louise, Éric, le parrain de Thelma, nos plus proches amis, et basta ! Nos familles sont encore exclues de ce bonheur-là, comme s'il était normal de consolider les fondations de notre petite mafia avant de la confronter à nos clans d'origine. L'appartement devient un repaire heureux, nos ultra-proches s'y mélangent, les soirées s'organisent, Ludi s'efface, comme si elle considérait que son rôle était désormais éteint, comme s'il n'y avait plus d'urgence à traverser la ville pour me seconder, comme s'il n'y avait plus de pilier à remplacer dans ma construction familiale. Ma maison, notre maison tient debout, sans elle. Et puis Ludi se fatigue, voudrait faire partie de nos murs plus longtemps mais n'en peut plus des transports, de cette heure incompressible qui nous sépare. Alors Marion la remplace, Marion qui vit dans notre rue. Avec elle, deux autres *baby-sitters* plantent leurs tentes dans le paysage, elles sont les passeports de nos sorties tardives.

Louise propose que Thelma et moi venions chez elle passer le lundi de Pâques avec sa fille. « Il y aura des œufs plein le jardin, et Thelma pourra aller les chercher avec Emma. » Elle dit ça, et puis qu'il faudra aider Thelma qui ne sait pas marcher, bien sûr, et aussi l'aider à manger les œufs, car elle n'a pas droit au chocolat à son âge. Le pédiatre m'a regardée comme si j'étais une meurtrière quand je lui ai objecté qu'il était dommage de priver les bébés de ce bonheur-là. Tout d'un coup, j'ai lu dans ses yeux que le petit Grégory et toutes les autres histoires d'enfants morts, c'était moi.

Louise insiste : « Et puis vous pourriez venir avec Martin aussi, j'ai très envie de le rencontrer, ce Martin, moi, que je sache s'il mérite d'être le père de ma Thelma. » Elle lance sa proposition avec de l'amusement dans sa voix si particulière et répète : « Ma Thelma » pour me faire comprendre qu'il faudra qu'elle approuve, elle aussi. Louise déteste les jugements, elle a même horreur de ça, mais elle aime se faire son avis, le façonner l'air de rien.

Je vais en parler à Martin, peut-être, oui, pourquoi pas, après tout.

Je mets la conversation sur la table dès le soir venu, après que Martin a couché Thelma.

— Tu as remarqué, elle ne veut plus que toi pour la mettre au lit…

— Tu crois ?

Il sourit, ça lui fait plaisir, au fond, cette idée que Thelma ne réclame que lui, même si ça signifie qu'elle veut un peu moins de moi. Comme si elle s'était assez endormie avec moi, pendant neuf mois, dans mon ventre, et qu'elle ne veuille plus que Martin maintenant. Rien que lui.

— Oui, mais c'est bien, hein !

Je ne veux pas qu'il pense que je suis jalouse ou quelque chose comme ça. On n'est pas jalouse de l'amour qu'une fille porte à son père, et Thelma, elle, envisage déjà Martin comme tel. C'est incontestable, c'en est même troublant, ce naturel entre eux.

— Tu veux venir chasser les œufs de Pâques avec moi ?

— Quel rapport ?

Il rigole. Martin rit toujours, y compris quand ce n'est pas vraiment drôle, et ça donne une musique merveilleuse à la vie.

— Aucun !

— On n'a plus l'âge, non ?

— Il n'y a pas d'âge pour le chocolat !

— Pour le chasser si, un peu… Tu ne crois pas ?

Il rit encore plus fort.

— Mais Thelma n'y arrivera pas seule. Elle ne marche pas, ça lui fait un gros handicap.

— Pas tant que ça, vu qu'on n'a pas de jardin, et pas d'œufs en chocolat non plus. Tu en as acheté, toi ?

— Non, mais Louise l'a fait. Elle organise Pâques pour Emma dimanche, et propose qu'on vienne. Qu'on vienne tous les trois, Thelma, toi et moi.

Avec toutes ces circonvolutions, Martin devrait finir par comprendre que je l'invite à un examen de passage en chocolat. Je lui répète que Louise est merveilleuse, la plus merveilleuse des marraines, et qu'elle est magnifique aussi, et que j'aurais tellement aimé avoir une sœur comme elle. Mais c'est encore pire, Martin répond : « Donc c'est très important pour toi ? Si elle ne m'aime pas, tu me détesteras ? »

J'ignore si je serai capable un jour de détester Martin, mais je serai très embêtée que Louise ne l'aime pas.

Il a fini par accepter, mais n'était pas certain de vouloir participer à la chasse aux œufs dans le jardin.

De toute façon, il a plu tout l'après-midi ce jour-là. Tellement que certains chocolats restés dehors se sont transformés en flaques à la fin. C'est le chien de Louise qui les a tous dénichés, il a été malade pendant trois jours, on a failli le perdre au moment où il avalait les derniers œufs, ou peut-être un lapin en chocolat blanc, je ne sais plus. Le vétérinaire a expliqué à Louise que c'était un vrai poison pour les chiens, le chocolat, surtout pour un chihuahua.

Il y avait plein d'enfants autour d'Emma et Thelma, les petits de la sœur de Louise et ceux des fils de son mari aussi. Et puis les jumelles de leurs si bons amis que j'adore, comme s'ils étaient les miens. Tout était normal et naturel, sauf Martin qui n'osait rien dire et qui trouvait tout à coup très encombrante sa grande carcasse d'un mètre quatre-vingt-seize. Même Louise paraissait petite à côté, Louise qui est pourtant une grande liane. Elle lui a posé mille questions, et parfois à plusieurs reprises, mais à des moments différents, pour voir si les réponses changeaient. On aurait cru qu'il passait un entretien d'embauche. C'était drôle parce qu'elle lui répétait souvent : « Mets-toi à l'aise, hein, tu es ici chez toi, on est cool ! » Sauf qu'il n'était pas cool du tout, je crois qu'il était une flaque en chocolat à l'intérieur, lui aussi, comme les œufs, les cloches et le lapin restés dehors sous la pluie. Quand d'autres personnes l'interrogeaient, c'était encore pire. Il était incapable de parler de son travail, de son âge ou de ses envies. Je l'avais rarement vu comme ça, sauf peut-être quand je l'ai rencontré. Puis il a fallu changer Thelma qui avait fait dans sa couche. C'est comme ça, les bébés, ça ne choisit pas, ça n'attend pas la fin des réponses. Martin y a vu une aubaine, je lui ai dit : « Reste, je m'en occupe. » Mais il était tellement heureux de pouvoir prouver qu'il savait faire quelque chose, qu'il n'était pas que le grand garçon qui répondait un peu maladroitement aux questions, tellement impressionné, là, sur le canapé du salon, face au jardin et à la pluie qui n'en finissait pas de tomber, qu'il a voulu changer Thelma et que ça dure très longtemps. Louise nous a amenés dans sa chambre, tout en haut des étages, elle a dit : « Ce sera plus simple pour la changer, on sera mieux sur le lit. » Là, j'ai bien cru que Martin allait s'effondrer, lui qui pensait s'échapper en cuisine et s'y cacher jusqu'à ce qu'il fasse nuit. Ce n'était pas rien, pour lui, d'entrer dans la chambre de Louise, c'était peut-être même pire que de répondre aux questions sur le canapé du salon. Martin a regardé l'immense lit blanc cassé, la décoration sobre et magnifique, et j'ai pensé que toutes les suites présidentielles du monde ne lui inspireraient jamais autant de respect que cette chambre-là. Mais il a tenu bon, s'il pouvait assister des chirurgiens tous les matins, il devait bien être capable de changer Thelma sur le lit de Louise. Après avoir posé l'enfant sur la couverture, Louise et moi on n'a rien eu le droit de faire. Martin a tenu à tout gérer, c'était son moment de gloire. Ça sentait tellement mauvais qu'on était mortes de rire ! C'est là que Martin s'est décoincé pour de bon, il était face aux fesses toutes sales de Thelma et il s'est retourné, il nous a dit : « Je vous vends du rêve, là, les filles ! » Et nous, derrière, on était pliées comme des gamines, de voir ce grand échalas changer la couche de ma fille tandis qu'on le regardait sans rien faire. Quand on est redescendus, Martin n'avait plus peur du tout. Louise s'est écriée : « C'est fou, Martin s'occupe bien de Thelma, c'est extraordinaire ! C'est complètement dingue, j'ai rarement vu ça. Non mais c'est précieux un homme qui sait s'occuper des enfants comme ça ! »

On est rentrés très tard ce dimanche-là, Louise voulait qu'on reste dîner, tous les trois, pour continuer à taquiner Martin, lui montrer qu'elle l'aimait bien et qu'il faisait partie de la famille maintenant. J'avais déjà remarqué ça auparavant, que le temps s'arrêtait chez Louise. Comme si tout ce qui mesurait les heures, tout ce qui battait la cadence des journées pour le reste du monde, les montres, les horloges, les sabliers, ça restait à l'entrée, devant le grand portail du jardin. Sa porte, comme celle d'Alice au pays des merveilles, isole du reste du monde. Le bruit, le stress, la violence, la malveillance, tout doit rester dehors, ça ne peut pas entrer et venir s'installer sur le canapé du salon, ça n'a pas sa place chez Louise. C'est reposant de sentir que toute cette angoisse n'a pas droit de séjour, que les mesquineries ne peuvent pas se faufiler jusque-là. Elle fait pareil avec les âmes, les mauvaises restent dehors, elle n'en veut pas dans sa maison. Louise, elle a le regard des chats, avec ses yeux perçants elle voit tout ce que je ne vois pas, c'est son superpouvoir à elle. Elle distingue tout de suite les gens qui en valent la peine de ceux qu'il vaut mieux éviter. Le poseur de graine, elle pourrait le tuer rien qu'avec ses yeux, si un jour elle le croisait. Avec Martin, maintenant, ils sont frère et sœur de caca ou quelque chose comme ça, je crois que c'est super-important.

L'hiver ne veut pas lâcher Paris, avril partira bientôt et la glace reste scotchée au ciel. Alors on décide de se délocaliser pour le simple bonheur de changer de décor ! Martin veut mettre du printemps dans nos journées et trouve une petite maison perdue dans la campagne normande. Il me promet qu'elle sera parfaite pour écrire, Thelma y verra poindre les bourgeons et ses déplacements professionnels à lui, vers les hôpitaux du Grand Ouest, seront facilités. Nous dînerons au coin du feu, des vacances hors les murs, nos dates de congés étant érigées comme des châteaux trop éloignés dans nos agendas.

Lit parapluie, draps minuscules, biberons, bavoirs, pyjamas (trois ou quatre, penser aux régurgitations), lait en poudre (plusieurs), couches, deux paquets (au moins) de lingettes même si c'est mauvais pour l'environnement, aussi la baignoire pliante, le savon pour bébé, le lait pour sa peau, Tit'ours, des bodys, des vêtements, une montagne de vêtements, et pourtant l'enfant ne marche pas, ne transpire pas, ne visite que des espaces prévus pour elle, ne se retourne pas encore. Un autre lit parapluie en guise de parc, le tapis d'éveil, les cubes pour le bain. J'ai oublié quelque chose, forcément. Réfléchis, Sasha. Une trousse de toilette pour moi, un jean, quelques tee-shirts et deux pulls, des sous-vêtements aussi. Pour Thelma un déménagement complet, pour Martin et moi un petit sac que l'on se partage, et puis un autre, encore plus petit, pour le chien. Un gang, c'est toute une organisation !

La voiture déborde, Martin m'avoue que ses collègues l'interrogent souvent sur le siège auto qui ne quitte plus son véhicule.

— Et ça te gêne ?

— Quoi ?

— Qu'ils te posent des questions ?

— Non, pourquoi ?

— Tu ne veux peut-être pas qu'ils pensent que tu as un enfant...

— Je ne veux pas qu'ils le pensent, je veux qu'ils le sachent. Je n'ai rien à cacher.

— Comment ça, tu veux qu'ils le sachent ? Qu'ils sachent quoi ?

— Eh bien, que j'ai un enfant !

— Pourquoi ?

— Parce que j'ai un enfant.

Martin sait rendre la vie simple. Il ne se pose aucune question, n'a que des réponses. Il me dit qu'il n'a pas toujours été ainsi, que c'est depuis l'enfant, depuis Thelma. Il dit que tout est facile depuis elle, comme un puzzle dont chacun de nous quatre fait partie, que si on ne reste pas collés tous ensemble, le puzzle ne sera jamais complet, jamais. Moi, j'ai rarement trouvé que la vie était simple, alors j'aime que Martin me la rende si facile. Depuis mon enfance, je commence les puzzles persuadée qu'il manquera une pièce au tableau final, que c'est impossible que tous les morceaux soient dans la boîte, que ce serait bien trop commode. Je ne sais pas pourquoi je suis si pessimiste, peut-être parce qu'on ne m'a jamais offert de puzzle complet jusqu'à présent. Quand je vois le paysage apparaître et qu'il ne reste presque plus de pièces à y ajouter pour finir la boîte de mille cinq cents, quand j'ai passé des jours et des heures la nuque baissée pour reconstituer tous les bleus du ciel ou de la mer, alors je découvre toujours qu'il en manque un morceau, et ce morceau, c'est toujours le soleil, ou une étoile, ou autre chose d'aussi essentiel.

La maison est charmante, c'est un peu la chaumière de Blanche-Neige et les sept nains, sans Blanche-Neige et sans les sept nains. Nous sommes sur une terre lointaine, Martin, l'enfant et moi.

La ville la plus proche est à neuf kilomètres. Il y a la forêt, les champs, on imagine les cultivateurs et leurs tracteurs travailler des heures entières à la prochaine récolte. Thelma ne connaît pas la campagne, elle ne connaît que notre appartement qui touche le ciel, le plus haut de l'immeuble. L'altitude isole du bruit de la ville. Ici nous sommes au ras du sol, c'est la distance qui nous protège. Nous nous sentons comme des Robinson Crusoé des temps modernes, illusion verte à quelques minutes de Paris. Ici, rien ne nous empêchera d'être heureux, rien ne saurait nous en faire douter.

Les affaires sont sorties des sacs, les marques sont prises, les vêtements sont dans les placards, le réfrigérateur est plein. La première matinée est comme le premier matin du monde, l'extérieur est frais, à portée de main, la rosée est de l'autre côté de la porte-fenêtre. Le café coule, l'enfant dort, paisible, Martin est sous la douche, une journée ordinaire, en mieux. Quand il sort de la salle de bains, Martin sourit, il est heureux, ses cheveux sont encore mouillés, sa serviette autour de la taille, il n'est pourtant pas en vacances mais il s'en fout, prendre la route si tôt n'a pas la même saveur face à la pinède. Le temps passe moins vite hors de l'excitation de la ville, le bruit des Klaxon ne bat plus la mesure, les minutes restent en suspens. Après le deuxième café et le pain grillé, il va vers l'enfant, l'embrasse sur le front et promet de rentrer tôt, jette un dernier regard au canapé face à la cheminée et rêve déjà du retour, le verre de vin, la flambée et moi, et elle. Nous sommes dans toutes les pensées de sa vie, les mois passés ensemble ont consolidé cette certitude. Quand il part, le vent de la forêt s'engouffre à l'intérieur et j'ai la sensation étrange que l'air glacial veut m'adresser un message. J'attends encore une heure pour réveiller l'enfant. Je la sors du lit, la chaleur de son tout petit corps à peine éveillé me fait du bien, je la serre contre moi. Thelma est ce qui se fait de plus efficace en termes de radiateur portatif. Elle pose sa tête sur mon épaule, ne veut pas me laisser avoir froid, on dirait. Je frissonne, m'allonge sur le canapé, songe à allumer le feu dans la cheminée, rien que pour nous, sens le bébé sur mon corps, me dis que le feu est inutile. Les heures passent et l'enfant ne réclame pas son biberon, j'écris à Martin que Thelma n'est pas comme d'habitude. Il me demande si elle a de la fièvre. À cet instant seulement je prends conscience qu'elle me tient toujours aussi chaud, que rien ne la refroidit, ni l'air gelé qui s'infiltre sous la porte ni ma peau fraîche qui se réchauffe contre la sienne. Martin insiste pour savoir si la petite a de la fièvre. Je ne sais pas. Je ne sais pas si Thelma a de la fièvre, et je ne le saurai pas. J'ai tout pris, sauf le thermomètre. Il me conseille de lui donner du Doliprane en sirop. J'ai oublié le Doliprane, aussi. J'ai oublié le thermomètre *et* le Doliprane. Il me dit de lui donner un bain tiède. Comment sait-il tout ça ? J'obéis. Martin décide de rentrer. Il laisse tomber l'hôpital, abandonne le chirurgien qu'il assistait. Je lui ordonne de rester, il ne peut pas quitter le travail, il n'a pas de motif recevable pour quitter le travail, que diront ses supérieurs ?

— Rien, ils ne diront rien. Ma fille est malade, ils n'ont rien à dire.

Alors Martin rentre. Les joues de mon tout petit bébé sont tellement chaudes, son front aussi. Je retire le pyjama, le body, sors la minuscule baignoire, teste l'eau tiède, y plonge Thelma, qui ne proteste pas. Mais crie ! Hurle ! Gronde-moi ! Pourquoi tu ne dis rien, Thelma ? Ce bain est tiède, presque froid, tu détestes ça. Réagis, bébé ! S'il te plaît, réagis. Mais l'enfant ne dit rien, Thelma fixe le plafond de ses deux billes bleues. Elle est junky, bébé drogué, je vois ses cernes creusés apparaître. Son teint pâlir. Les cubes de silicone ne l'intéressent pas, pas même la mousse du bain. Je la sors de l'eau, la sèche, veux la faire boire, ne parviens qu'à la faire vomir. Mais réagis, Sasha, ton bébé vomit ! Je suis une gamine de douze ans face à un État en rébellion. Je cherche comment calmer la population, j'assiste au renversement de mon micro-univers. Changer l'enfant, la rassurer, la serrer contre moi, pas trop fort, tu vas l'étouffer. Martin m'appelle sur la route, il a trouvé une pharmacie, me demande de lui décrire les symptômes, me dit qu'il arrivera bientôt, très bientôt, qu'il est presque là. Il me demande s'il faut partir pour l'hôpital. Je ne sais pas quoi lui répondre.

— L'hôpital, c'est quand c'est grave, c'est bien ça ?

— Non, l'hôpital, c'est quand on ne sait pas et qu'on veut être sûr que ça ne soit pas grave.

— Que ça ne soit pas grave ou que ça ne devienne pas grave ?

— Que ça ne soit pas grave, mon amour, que ça ne soit pas grave. Car ce n'est pas grave, ne t'en fais pas.

Je suis son amour. Je m'en veux de relever ces mots. Mais je n'y peux rien, je retiens que je suis son amour. J'ai honte. J'ai honte, mais je suis quand même son amour.

Puis Martin arrive. Il est midi, seulement midi. Thelma n'a rien avalé, n'a pas refroidi non plus. Je suis bleue, je suis encore en tee-shirt de nuit, les pieds nus sur le carrelage gelé, le froid a traversé ma chair depuis longtemps quand Martin ouvre la porte de la maison de Blanche-Neige et que le vent s'invite avec lui, je le sens qui atteint l'os. Devant mes lèvres mauves, il me demande ce que je fais dévêtue, me rappelle que nous sommes à la campagne. Je connais son inquiétude.

— Je n'ai pas voulu lâcher Thelma, je ne voulais pas qu'elle soit seule. Je n'avais pas le temps pour les vêtements, les chaussettes, les chaussures, je voulais faire baisser la fièvre, c'était bien d'avoir froid pour l'empêcher de continuer à chauffer si fort.

Il pose tout un tas de médicaments sur le lit, les étale comme si c'étaient des trésors magiques et merveilleux. Martin est mon pirate, il prend Thelma contre lui, lui murmure des mots que je n'entends pas, lui promet que les choses vont s'arranger, lui explique qu'il a rapporté « tout ce qu'il faut ». Il dit « tout ce qu'il faut » comme s'il maîtrisait de nouveau le futur. Thelma n'en peut plus de vomir, ses yeux deviennent noirs, elle ne veut plus boire, plus rien avaler. Les médicaments ont un goût sucré qui parvient à la convaincre de faire un effort, un tout petit effort. Thelma ne pleure pas vraiment, elle n'a pas envie de jouer, son nez ne coule plus comme les jours précédents, la toux s'en est allée aussi. Au milieu de l'après-midi, la température redescend. Martin a acheté un thermomètre, il surveille toutes les heures le petit corps de l'enfant, comme le lait sur le feu. Le soir arrive telle une menace, l'isolement de la maison devient un ennemi. Martin cherche l'hôpital le plus proche, trouve l'adresse sur Internet, vérifie l'itinéraire sur son téléphone.

— Tu crois qu'il faudra y aller ?

— Où ça ?

— À l'hôpital, tu penses qu'il va falloir y aller ?

— Je ne sais pas. Je préfère prévoir, au cas où.

Je n'aime pas les cas où. La vie m'a toujours paru être une suite d'anticipations de cas où. On se marie en imaginant la possibilité d'un divorce, on se soigne en imaginant la possibilité d'une opération, on vit en imaginant la possibilité de la mort. Les cas où me font peur.

Quand Thelma s'endort enfin, elle est presque calme. Nous dînons sans avoir faim, regardons nos assiettes pleines avec un sentiment de dégoût. Comme si toute l'indécence du monde était dans ces assiettes-là, celles de deux parents d'un enfant malade, d'un enfant qui ne mange plus.

Nous sommes deux parents. Nous... sommes... deux... parents.

La nuit arrive, la lune n'a rien changé à ses habitudes, son croissant est un peu plus gros qu'hier, tout au plus. Le noir du ciel est toujours aussi haut. Les étoiles sont à leur place, bien visibles, il fera beau demain. Martin voudrait que le monde cesse de tourner, que les guerres prennent fin, que le vent tombe, que les marées s'inversent. Il voudrait hurler contre le monde qui continue de tourner comme si de rien n'était alors que les yeux de Thelma sont si creusés. Il hurle et me serre contre lui, puis nous montons dormir, demain est un autre jour.

J'ouvre les yeux vers huit heures du matin, peut-être un peu avant. Martin n'est plus près de moi. Notre chambre est en haut d'une échelle de meunier, celle de l'enfant en bas, près du salon qui fait face aux arbres. Martin est assis dans l'immense fauteuil, l'enfant assoupie tout contre lui. Il me regarde et sourit, me demande si j'ai bien dormi.

— Tu es levé depuis longtemps ?

— Tu n'as rien entendu ?

— Entendu quoi ?

— Thelma, elle s'est mise à pleurer après qu'on est montés.

— Elle a pleuré, et puis quoi ? Tu es redescendu ? Tu as réussi à la calmer ? Elle s'est rendormie ? Elle s'est réveillée à quelle heure, ensuite ?

— Elle ne s'est pas rendormie.

— Si, regarde, elle dort.

— Non, cette nuit, elle ne s'est pas rendormie.

— Mais elle a bien dû dormir puisque nous sommes le matin.

— Non, elle était de nouveau brûlante, je l'ai soignée, elle avait peur, je l'ai bercée, elle n'a jamais voulu dormir, jamais.

— Pourquoi tu ne m'as pas réveillée ?

— Parce que tu dormais.

— Et alors, pourquoi tu ne m'as pas réveillée ?

— Elle avait besoin de sa mère ou de son père. Et elle avait son père.

Il n'y a rien à répondre à ça. Rien du tout. Et comme il n'y a rien à répondre, je me tais.

Je ne reconnais plus ma fille, trop de cernes, trop de noir sur le visage, le contour émacié, la bouche sèche, les yeux ne pleurent plus, on dirait une autre. Son regard même a changé. Il est vitreux, presque perdu, il cherche à comprendre, il n'est plus celui du bébé, il est celui du réfugié épuisé sur les plages de Calais, celui du migrant rêvant d'une terre d'asile. Ma fille a ce regard grave et sérieux plein d'une sagesse effrayante, d'un silence angoissant.

Et puis Martin lui change sa couche qui a débordé, comme il a changé son pyjama sur lequel elle avait encore vomi. C'est là qu'il prend la décision, au moment de serrer les élastiques sur son ventre trop plat, son ventre qui a perdu la rondeur du nourrisson. Il est maintenant dix heures du matin et Martin dit qu'il ne faut plus attendre une minute, il faut partir aux urgences.

Nous avons eu peur d'attendre, mais les médecins de garde ont tout de suite compris quand ils ont vu l'enfant minuscule aux yeux creusés. Ils ont dit « déshydratation », ils ont dit « forme grave de gastro-entérite », ils ont dit « perfusion », « soluté de réhydratation orale », ils ont abrégé en « SRO », c'était comme passer de nouveaux examens, retourner à l'école avec la peur en plus. J'ai la crainte des acronymes, c'est une façon de ne pas assumer la vérité, de se cacher derrière un bouclier pour éviter de dire des choses inquiétantes. Ils ont insisté : « Quelques gorgées toutes les dix minutes, c'est important. » Puis ils ont expliqué l'hospitalisation qui pourrait durer plusieurs jours, la prise de sang qu'ils allaient faire pour vérifier le sel dans le corps, la peau desséchée, l'eau qui hydrate mais ne réhydrate pas. Il devrait y avoir une filière universitaire « parents » à laquelle on pourrait s'inscrire à n'importe quel moment de la vie, une sorte de super-école qui apprendrait, par exemple, que l'eau ne suffit pas à réhydrater un bébé.

Martin sonde chaque silence des spécialistes, exige de parler au chef de service, ne lâche pas les mains de l'enfant. « C'est important que vous soyez près d'elle, au stade où elle en est, il n'y a que la présence de l'un de vous deux qui pourra la calmer. Elle doit être très angoissée, et affaiblie. Il n'y a que les parents qui sachent calmer la peur des enfants quand ils arrivent ici. Toute la douceur du monde ne pourra jamais vous remplacer, ce n'est pas nous qui décidons de cela, ce sont les bébés, Thelma ne va plus vouloir que vous à ses côtés pendant les prochaines quarante-huit heures. » L'interne s'est adressée à Martin en le fixant droit dans les yeux. Nous l'avons suivie vers une petite salle aux murs blancs. Là, une autre infirmière, dont Martin a une nouvelle fois scruté le badge, est venue installer la perfusion sur le dessus de la main de Thelma qui ne faisait pas un tiers d'une main d'adulte. Tous ces tuyaux qu'on lui installait, ces fils multicolores qui partaient de son minuscule torse, c'était comme si on avait voulu reconstituer Beaubourg autour de son corps d'enfant.

Je repense aux paroles de l'interne : « Il n'y a que les parents qui sachent calmer la peur des enfants quand ils arrivent ici. » Puis je revois l'enfant endormie dans les bras de Martin, dans le fauteuil du salon. Je l'entends me raconter l'impossibilité de lâcher le bébé, ses crises de larmes à chaque tentative de la remettre dans son lit, pour qu'elle continue sa nuit, qu'il rattrape la sienne, et sa respiration apaisée alors que le jour se levait enfin.

Il n'y a que les parents qui sachent retirer la peur des enfants quand ils en sont là.

Voilà, Thelma est à l'hôpital, le chef de service dit qu'elle a perdu « un dixième de son poids, et malgré la bouche sèche de ma fille et son air perdu de musée contemporain, je ne songe qu'à une chose : ma fille a choisi son père. Tandis que je souris, l'infirmière me regarde avec deux couteaux dans les yeux, aiguisés à la haine que lui inspire, sans doute, ce qu'elle croit être la violente indifférence d'une mère.

Martin n'a plus travaillé de la semaine, chaque gramme repris par l'enfant était une petite victoire sur la vie. Il restait là, assis près d'elle, coincé au fond d'une chaise prévue pour des parents deux fois plus petits que lui, le dos abîmé, les traits tirés. Quand les responsables apportaient le plateau-repas, la purée brûlante dont l'odeur aurait dissuadé tout adulte conscient, il priait pour qu'elle avale au moins la madeleine, ou bien seulement la compote. Le deuxième jour, il a essayé de faire rire l'enfant avec tous les jouets de la salle d'éveil. Il la suppliait, lui promettait des câlins sans fin, des nounours magiques. Mais Thelma ne voulait plus sourire, elle regardait le ciel, incapable de dormir. La perfusion lui donnait tout ce que les repas ne lui apportaient plus. Elle avait soif, tellement soif. Alors Martin s'appliquait à suivre scrupuleusement les ordres de la soignante : « Pas plus de dix millilitres de soluté toutes les dix minutes. » Il avait programmé l'alarme de son téléphone, remplissait la pipette. Thelma buvait, hurlait pour en avoir encore, puis il la calmait et dix minutes passaient. Déjà il fallait recommencer, et l'entendre hurler de nouveau.

Dès le premier soir, quand les responsables nous ont expliqué qu'un seul parent pourrait passer la nuit près de l'enfant, que ce n'était pas une question de place, juste la règle – « non, vous ne pouvez pas dormir par terre, même si ça ne vous dérange pas » –, Martin a voulu rester avec Thelma. Il a maudit le règlement, s'est senti trahi, mais n'a pas voulu lâcher l'enfant des yeux. Je suis rentrée chaque soir, après que Thelma et Martin s'étaient endormis, après avoir embrassé chacun sur le front, puis baissé les volets, et suis revenue chaque matin avant leur réveil.

À l'aube du troisième jour, Thelma n'avait repris que deux cent cinquante grammes. Une interne est venue lui faire une prise de sang. Elle était accompagnée d'une dame plus âgée, pas franchement avenante. Une petite dame aux cheveux courts et à l'air sévère. Le petit cerbère fripé a maintenu immobile mon tout petit bébé après avoir noué un garrot autour de son bras, Thelma hurlait, la vieille dame la serrait fermement, comme si ma fille était une criminelle dangereuse, ultra-violente. La jeune femme a planté l'aiguille dans le minuscule bras de Thelma, a cherché sous la peau une veine qu'elle ne voyait pas, a insisté cinq bonnes minutes avant de conclure : « Sa veine ne donne plus de sang ! » Martin a hurlé que c'était impossible, que toutes les veines du monde donnaient du sang, sauf celles des morts, et que sa fille était bien vivante, parfaitement vivante même ! Il a dit « ma fille » sans y réfléchir. Alors la vieille dame mal aimable a retiré le garrot et a proposé à la jeune interne d'essayer sur le plat de la main de mon enfant. Thelma hurlait et pleurait de grosses larmes lourdes qui me donnaient la chair de poule. Martin lui promettait : « Dès que les dames auront un peu de ton sang, papa te fera le plus long câlin du monde des câlins. »

L'interne recommence, l'aiguille s'enfonce, elle cherche, elle trouve une veine, l'enfant hurle, le sang ne vient pas, Thelma hurle encore, la vieille bique propose d'essayer sur le pied. Mais il y a tellement peu de chair, l'aiguille fait encore plus mal, les cris de ma fille me brisent les os, et Martin tente de nouveau de la rassurer : « Cette fois-ci, c'est promis, ma chérie, les dames prennent un peu de ton sang et papa te fait le plus gros câlin du monde. » Il n'a plus le courage de parler du « monde des câlins », il veut juste que ça s'arrête, serait prêt à payer l'interne pour qu'elle aille voir sur Jupiter ou sur Saturne si sa fille y est. Il faut recommencer sur l'autre pied, entendre, impuissants, de nouveaux hurlements de Thelma, pour que le sang vienne enfin. L'interne en prend plus que nécessaire, « pour être sûre », et promet de ne plus embêter l'enfant. Martin leur demande de sortir, de les laisser, dit qu'il n'arrivera pas à la calmer avec elles deux dans la pièce. Le corps de Thelma se soulève à chaque spasme, sa respiration est douloureuse et violente. Martin remet délicatement en ordre les tuyaux branchés au bébé, approche la trop petite chaise du lit à barreaux, serre Thelma contre lui et murmure que plus rien ne lui arrivera de mal aujourd'hui. Le plateau-repas arrive, Thelma n'en veut pas, elle ne décolle pas sa tête de l'épaule de Martin.

Une heure et demie plus tard, les spasmes ont cessé, la respiration est de nouveau calme, Martin ne peut plus bouger, son corps n'est que crampes et fourmillements. Arrive la jeune interne, toujours flanquée de la vieille dame antipathique. Elle balbutie quelque chose de confus qui veut dire que le prélèvement n'a pas pu être analysé, qu'il est arrivé trop tard au laboratoire et que le sang a coagulé. Quand elle ajoute qu'il va falloir recommencer, Thelma hurle comme si elle avait compris. Martin la tient contre lui et dit qu'on ne recommencera rien du tout, qu'il ne laissera pas faire, puis il prie les deux femmes de sortir avec tellement de force et de conviction dans la voix qu'aucune ne cherche à discuter.

L'enfant redevient paisible. Martin la berce en disant que personne ne viendra lui reprendre du sang désormais, qu'il sera là pour empêcher ça et qu'il ne la quittera jamais. Plus tard, le chef de service vient expliquer à Martin que ce n'est pas possible, il faut prélever le sang de mon bébé pour savoir si le niveau de sel est revenu à un seuil acceptable, c'est le seul signe qui permette de déterminer s'il y a encore déshydratation. Mais Martin ne veut rien entendre : « Personne ne prendra plus le sang de ma fille, c'est compris ? Personne. » Alors le chef de service comprend qu'il n'arrivera pas à convaincre le père, il admet que la jeune interne n'était pas compétente, propose quelqu'un de plus expérimenté mais n'insiste pas. Il finit par dire que l'enfant sortira lorsqu'elle aura repris quatre-vingts pour cent du poids perdu et quitte la pièce sur cette paix blanche entre le père et l'hôpital.

Thelma quitte finalement sa chambre au bout de huit jours, huit jours entiers dans sa minuscule prison aseptisée. Le jour du départ, elle a retrouvé son visage habituel, elle ne sourit toujours pas mais le rose s'est redessiné sur ses joues tendres. Je fais son tout petit sac dans lequel je glisse les vêtements déposés par sa marraine pour qu'elle soit à l'aise, de minuscules joggings et aussi un lapin mauve qu'elle a gardé chaque nuit contre elle comme la dernière bouée du *Titanic.* Le lapin se froisse dans un recoin du sac tandis que Martin remplit les papiers de sortie. Depuis quelques semaines déjà, avant son hospitalisation, Thelma tient sa nuque et son dos bien droits. Dans les bras de son père, elle semble fière et heureuse de quitter les lieux. Perchée contre son épaule à plus d'un mètre quatre-vingt-dix du sol, elle toise les femmes du service hospitalier comme pour leur signifier qu'elle a fini par gagner, qu'elle sort libre et sans prise de sang.

Rien ne sera plus jamais pareil désormais.

Papa ne m'a pas quittée. Il était là tout le temps. Quand la femme au visage froissé a voulu enfoncer encore une fois son clou fin dans mon bras, il l'en a empêchée. Il a répété que personne ne toucherait à sa fille comme un chef d'État aurait déclaré la guerre au monde entier. J'ai vu le monsieur important de l'hôpital venir pour obliger papa à laisser les dames me faire mal une nouvelle fois, mais papa est un super-héros, rien n'a su le faire céder sur ce point : personne ne toucherait à sa fille. J'aurais voulu lui dire merci, merci d'être mon papa, merci d'être plus fort et plus grand que tous les autres autour de nous, merci d'être là, tout le temps, toujours. Mais comme je n'arrivais pas même à sourire, comme mes bras et mes jambes étaient des bouts d'ours en peluche déchiré et sans force, j'ai peur de ne pas avoir réussi à me faire comprendre. Je ne sais pas comment papa a fait pour dormir sur ce siège qui avait l'air dur et trop petit, près de mon lit à barreaux. Peut-être que les papas ont une position pliante, comme les chaises de jardin de chez la maman de maman. Ou bien peut-être que papa n'a pas dormi, jamais, qu'il a toujours veillé à ce que personne ne vienne me faire de mal dans cette chambre qui n'était pas la mienne.

Ce que je sais, c'est que quand je suis enfin sortie, papa a voulu me présenter à sa maman et son papa à lui. Il a dit à maman qu'il ne fallait pas leur dire qu'il était vraiment mon papa, mais que c'était important pour lui qu'on se rencontre tous. Maman a accepté et on est partis quelques jours après ma sortie de l'hôpital. C'était un week-end, papa ne travaillait pas. Le dimanche matin, maman a fait mes sacs. Elle était un peu angoissée. Elle ne savait pas comment s'habiller, elle a demandé à papa s'il valait mieux mettre une robe ou un pantalon, des talons hauts ou des chaussures plates, du maquillage ou pas, les cheveux attachés ou bien lâchés. Papa ne cessait de répondre des choses qui ne plaisaient pas à maman comme : « Fais comme tu veux », « Tu seras parfaite de toute façon » ou bien encore : « Moi, tu me plais quoi que tu portes ! » Quand papa a dit ça, je me suis demandé si sa maman et son papa à lui m'aimeraient quoi que je porte ou si, peut-être, ils ne m'aimeraient pas du tout. Du coup, j'ai espéré que maman ne se tromperait pas sur ma tenue.

Six-neuf mois

Finalement, maman a mis quelque chose de très classique, un pantalon noir, un chemisier blanc, très peu de maquillage. Elle a lâché ses cheveux et mis des chaussures qui n'étaient pas trop hautes mais pas complètement plates non plus. Dans la famille de papa, il paraît qu'ils sont tous très grands, alors je me suis demandé pourquoi maman n'avait pas voulu mettre les talons les plus hauts de son placard, pour être à la même altitude. Mais quand elle les a sortis, elle a murmuré qu'elle allait avoir mal aux pieds pour rien, car elle ne serait de toute façon pas au niveau. Je ne sais pas pourquoi elle pensait avoir mal aux pieds avec ses jolis talons... Quand je saurai marcher, j'espère qu'elle me mettra des talons hauts à moi aussi, ça ne doit pas faire si mal que ça.

Maman m'a mis une petite robe rose pâle, et des jolies chaussures, sans talons ! Ça m'embête, cette histoire de chaussures, c'est joli mais ça m'embête ! Quand je veux avancer sur les genoux et sur les mains, elles sont comme un poids mort à l'arrière et ça me ralentit. Mais maman dit que c'est « tellement mignon », ces petites chaussures. Elle m'a peigné les cheveux et m'a glissé une petite barrette pour retenir la mèche qui tombe tout le temps sur mes yeux. Au moment de sortir, elle m'a emmitouflée dans un manteau d'un rose presque blanc avec des boutons dorés, très chic et très inconfortable. Je ne porte jamais ce manteau, parce que c'est un vêtement qui ne peut pas se laver à la maison et qu'il faut apporter chez « le teinturier ». Je ne sais pas qui c'est le teinturier, mais on dirait que maman ne l'aime pas au point de tout faire pour ne pas le croiser.

Elle a répété au moins mille fois la liste de tout ce qu'elle avait mis dans les sacs, je ne sais pas si c'était pour vérifier qu'elle avait tout pris ou bien si c'était une sorte de jeu et qu'elle veuille apprendre la liste par cœur pour pouvoir la réciter par la suite. Quand elle m'a montrée à papa, dans mon joli manteau avec ma barrette, il a dit que j'étais « magnifique, un vrai bébé modèle de chez Bonpoint ou Cyrillus ». Je n'ai pas bien compris ce que ça voulait dire, mais ça avait l'air très gentil. Voir maman faire tant d'efforts pour que ses parents nous aiment, ça mettait plein de douceur dans la voix de papa.

Plus tard, sur la route, dans la voiture, depuis mon siège bébé à l'arrière, j'avais du mal à distinguer ce qu'ils disaient. J'ai entendu : « Ne le prends pas mal, Thelma est ma fille, tu sais qu'elle l'est, mais je ne veux pas brusquer mes parents, tu vois ce que je veux dire, le mot "papa", c'est un mot fort de sens, si tu pouvais… enfin… tu comprends ? Tu peux dire "chéri", ou bien "mon amour", mais quand tu parles à Thelma, enfin quand tu parles de moi à Thelma… » Papa avait l'air gêné, moi j'étais heureuse de l'entendre répéter que j'étais sa fille. J'aime quand papa dit ça. Maman, elle, elle avait un ton triste, elle n'avait pas l'air fâchée, mais c'était comme si un regret glissait sur sa voix. Elle a regardé le paysage défiler, la voiture allait très vite, j'ai fait comme elle et je crois que je me suis endormie. Je ne sais pas combien de temps ça a duré, je me souviens juste de papa qui m'a sortie de la voiture, et qu'il faisait très froid dehors.

Nous sommes arrivés en retard, tellement en retard. Nous avons franchi le portail à treize heures quarante-cinq. C'était à cause du fleuriste, tout était ma faute, j'avais insisté pour trouver des fleurs.

— On ne peut pas arriver sans rien.

— Mais si, enfin, ce sont mes parents.

— Ce ne sont pas les miens !

— Ils seront tes beaux-parents un jour.

— Peut-être, mais pour le moment je dois éviter de dire « papa » quand je parle de toi à Thelma ! Alors trouve-moi un fleuriste.

Martin avait cédé, il savait que retenir les mots naturels était quelque chose de très compliqué pour moi, il ne voulait pas en rajouter.

Il avait souri. « C'est si difficile ? Alors je suis vraiment son père, hein ? Je veux dire : je suis complètement son père si tu as du mal à ne pas le dire ? » Je l'avais juste regardé, c'était ma réponse.

Les parents de Martin vivent dans une vieille maison de brique qui sent le calme et la vie à la fois. Après le portail, Martin m'explique le gros bâti sur la gauche, qui est un atelier pour son père, le repaire secret de son équipement de chasse, celui de ses vieilles Jeep aussi. Puis la demeure attend au bout du chemin, une fenêtre allumée éclaire la cuisine, on devine le plat qui patiente depuis trop longtemps dans le four, preuve que notre venue est attendue, pas encore importante, mais attendue. La porte s'ouvre avant l'extinction du moteur. Thelma dort toujours. La mère de Martin sourit, son visage s'illumine et c'est rassurant. Je suis étonnée de son fort accent britannique, il sonne comme une promesse de bonheur. J'aime la façon dont l'anglais fait chanter les mots, souvenir de mon école bilingue, la bonne éducation de ces gens-là, l'heure du thé, le mélange des genres dans les phrases. Plus tard, j'apprendrai de Martin qu'il n'y avait jamais prêté attention, ne l'avait même jamais su. Il insistera :

— Tu trouves vraiment que ma mère a un accent ?

— Très marqué, oui, c'est joli, ça nous emmène ailleurs.

— Ah bon. Je te promets que je n'ai pas voulu te le cacher, je ne l'entends pas du tout. Mais elle t'emmène ailleurs, où ça ?

— Je ne sais pas, ça fait voyager.

— Ne pars pas trop loin de moi quand même !

Son père n'est pas venu sur le perron. Il a attendu que nous entrions, s'est tenu à l'écart du réveil de l'enfant. Thelma n'aime pas qu'on la sorte de son sommeil de force, elle aime ouvrir les yeux naturellement. Forcer les choses provoque quelques pleurs. Ça n'existait pas avant Martin, elle s'autorise désormais les larmes de son âge. Étrangement, l'eau salée sur ses joues me rassure. De ses grands yeux, Thelma dévore l'espace, apprivoise ce nouveau décor. J'ai peur de chacune de ses réactions, je veux qu'elle fasse bonne impression, rêve du bébé parfait, publicité Ralph Lauren, enfant de papier glacé. Mais Thelma a faim, n'a pas déjeuné, il est tard. Les fleurs dans les bras de la mère, mon sourire gêné, poser les affaires, foncer vers la cuisine, installer la chaise haute, le petit pot qui refuse de s'ouvrir, où est le micro-ondes ? Quelle puissance ? Et quelle durée à cette puissance-là ? Et l'enfant qui continue de réclamer. Calme-toi, bébé, je t'en supplie, calme-toi. Le père de Martin propose du champagne, la vie du bébé ne l'intéresse que de loin. L'apéritif est une histoire d'adultes, importante. Il sourit, fait trois petits signes bienveillants à l'enfant, mais sans s'attarder, puis il va chercher la bouteille et les coupes. La purée chauffe, beaucoup trop, je brûle la langue de Thelma qui hurle de douleur. Je n'ose pas demander à Martin de venir la sauver, lui seul sait guérir les bobos de Thelma. Quelques instants au creux de son épaule répareraient ma bêtise. Foutu micro-ondes. Je serre Thelma contre moi, lui murmure à l'oreille que, quand on partira, papa la prendra contre lui et lui fera un câlin qui guérit tout. Je lui murmure qu'il faut être forte pour le moment, oublier la langue qui brûle, penser à autre chose et surtout, surtout, cesser de pleurer. La mère de Martin propose un peu d'eau tout en précisant que je sais sans doute ce qu'il faut faire, qu'elle ne veut pas avoir l'air de « professorer ». Elle dit « professorer » comme une évidence. Je trouve ce nouveau mot charmant. Je voudrais la supplier de professorer encore, lui avouer que je n'ai jamais été maman avant Thelma et que ses conseils seront toujours précieux. Je voudrais lui dire des choses comme : « Je pourrai vous appeler si Martin n'est pas là et que je ne sache pas quoi faire ? », lui confier que Thelma n'a pas de vraie grand-mère, que ma mère n'est pas vraiment comme toutes les autres, qu'elle est merveilleuse mais différente, juste différente, pas une mère que je peux appeler pour lui demander quoi mettre sur les gencives de Thelma quand elle fera ses dents, mais qu'elle sait me rassurer quand j'ai peur de l'avenir.

— J'aime les conseils, surtout les bons.

La mère de Martin me sourit, Johana me sourit, elle me demande de l'appeler Johana. Elle va chercher un verre d'eau.

— Thelma ne sait pas boire encore au verre, elle ne connaît que le biberon, même pour l'eau.

— Ne t'en fais pas, il suffit de lui montrer doucement, elle va apprendre.

Je regarde Johana tenir soigneusement le petit verre d'eau près de la bouche de Thelma. L'enfant comprend tout de suite, mais laisse échapper un filet au coin de sa bouche. La mère de Martin va chercher une serviette, essuie l'enfant.

— Je sais que les jeunes n'aiment pas les conseils des plus vieux, mais j'en ai élevé deux. Ma fille aussi a des amies qui ont des enfants, elles ne veulent rien écouter !

Thelma est donc mon enfant. Juste mon enfant. Le bébé de l'amie de son fils. À quoi t'attendais-tu, Sasha ? Quand on ne dit pas « papa », on n'est pas un papa, on n'est pas une petite-fille non plus, on n'est rien. Je me force à sourire, entends Martin revenir avec son père, les coupes de champagne à la main. Avant de passer à l'apéritif, je veux me démarquer, ne boirai pas sans avoir fait la différence :

— Au contraire, j'aime les conseils des plus vieux. Je n'ai pas élevé deux enfants, pas même un, avec Thelma, Martin et moi, on apprend.

Johana ne relève pas. Pardon, Martin, c'est sorti tout seul. On peut boire maintenant.

La journée file droit. Après le déjeuner de l'enfant, Martin installe le lit parapluie à l'étage, couche Thelma pour la sieste. Paul-Henri s'étonne de l'implication de son fils dans l'éducation du bébé, tout en souriant de voir Martin si magnifiquement responsable. On déjeune tard, je vante le poulet, la purée maison, la salade et le gâteau. Je songe que ma mère ne saura jamais faire un gâteau à l'ananas. Les parents de Martin me posent peu de questions sur notre vie avec l'enfant, quelques-unes sur mon travail, d'autres encore sur mes opinions politiques. Je ne réponds jamais vraiment aux interrogations sur notre quotidien, évite d'avoir à dire que nous vivons ensemble depuis les premiers jours, Martin en fait autant. La politique est salvatrice, elle attire l'attention loin de notre vie. Je rejoins Paul-Henri sur le paysage compliqué à droite, l'équation difficile entre des inexpérimentés talentueux et populaires, des compétents détestés et des choix de raison aux chances incertaines. La gauche a creusé sa tombe en réduisant la fonction présidentielle à un sujet de moquerie nationale. L'élection sera pleine de surprises, pas forcément bonnes. À l'heure du café, Thelma se réveille, la sieste aura duré le temps du déjeuner. Martin se lève, par réflexe. Je lui propose de m'en occuper, il dit que non, il peut le faire. Je souris.

Il redescend et pose l'enfant sur le tapis. Je vais chercher dans mon sac les quelques jouets que j'ai apportés. Elle attrape son ours, l'apporte à Martin qui est encore assis à table, le pose sur ses genoux, comme une offrande sacrée. « Fille à papa, va ! » Je n'ai rien prémédité, voudrais ravaler mes mots, cherche un regard tendre sur le visage de Martin, un regard qui voudrait dire : Je ne t'en veux pas. Personne ne parle, ma phrase reste en l'air. Souris, Martin, je t'en supplie, souris-moi ! Martin me regarde de ses yeux doux. « Jalouse ! » Je peux recommencer à respirer, pardon, Martin, mille fois pardon.

Nous allons promener le chien, une demoiselle labrador qui nous rappelle que Flaubert est resté à la maison. Flaubert a l'habitude de ces moments de solitude, de sa promenade avec le voisin qui a les clés de l'appartement, plus courte que d'ordinaire, forcément.

En marchant le long du canal, je me suis dit que cette promenade, vue du ciel, devait ressembler à toutes celles que les familles « normales » font le dimanche après-midi. Il y avait Thelma dans sa poussette, Martin derrière elle, Johana et Paul-Henri qui se donnaient la main sur le côté du chemin, et moi agrippée au bras de Martin, comme pour ne pas flancher. Chaque fois qu'un coureur croisait notre route, je souriais. Je souriais parce que les coureurs ignoraient que Martin n'avait pas dit à ses parents qu'il était le père de Thelma, qu'elle n'était pas que le bébé de celle qu'il fréquentait en ce moment, je souriais parce que, pour ces hommes qui couraient et nous croisaient, nous étions forcément une famille magnifique, juste magnifique. Alors j'aurais voulu les serrer de toutes mes forces dans mes bras et leur dire merci de cette image qu'ils me renvoyaient. J'aurais voulu embrasser de tout mon cœur de maman les coureurs, les passants, et même les canards sur le canal.

Au bout de la journée, après la promenade et le thé, après les sacs de Thelma qu'il a fallu refaire et le lit parapluie que Martin a soigneusement replié et rangé dans la voiture, nous sommes repartis en laissant Johana et Paul-Henri sur le perron de la maison. Martin était heureux de nous avoir présentées à ses parents. Avant de nous laisser prendre la route, la mère de Martin m'a dit qu'elle espérait nous revoir bientôt. Elle a dit ça comme on dit à la petite copine de son fils qu'on aimerait la voir durer un peu. J'ai rangé mon envie de lui hurler que tout était différent entre nous, que Martin était mon amoureux pour la vie et le père de Thelma pour toujours. J'ai juste souri et j'ai répondu : « Moi aussi, j'espère vous revoir bientôt. » Je me suis tue parce que Johana n'avait pas partagé les heures d'hôpital avec nous, elle ne savait pas quel père Martin était devenu pour Thelma. Et Paul-Henri non plus. Je n'ai pas osé leur dire que ce serait merveilleux qu'ils acceptent un jour d'être les grands-parents de Thelma, et que je serais prête à promener le chien tous les dimanches au bord du canal pour qu'il en soit ainsi, au moins aux yeux des coureurs.

Martin doit partir cinq jours à Munich. Le siège de la société pour laquelle il travaille se trouve dans cette ville, en Allemagne, loin de Thelma et moi. Il ne sait définir l'Allemagne que comme ça : « Trop loin de vous. » Notre fille a maintenant sept mois. Elle va à la crèche depuis quelques semaines, deux ou trois, tout au plus. Avec Martin, nous avons vécu les dix jours d'adaptation comme tous les parents du monde. Nous avons détesté la couleur des murs, adoré le sourire de la « référente » de Thelma. C'est ainsi qu'elle s'est présentée : « Je suis la référente de votre enfant, c'est moi qui veillerai en priorité sur elle dans la section. » Elle a dit « votre enfant » comme si c'était une évidence, comme si cette petite fille de sept mois à la mèche en bataille et aux yeux bleus allongés à la manière des félins ne pouvait être la fille de personne d'autre que de l'immense garçon au même regard qui m'accompagnait.

C'est étrange, cette histoire d'adaptation. Comme s'il fallait habituer les parents à l'idée que leur enfant se détache d'eux, progressivement, jusqu'à les quitter pour de bon, un jour qui n'est pas encore inscrit à notre agenda. La règle veut que nous restions dans la section avec Thelma et les responsables d'abord une heure ou deux, puis durant quelques moments clés comme les repas, le change ou le jeu. Petit à petit, en réduisant de quelques minutes par jour notre présence, nous prenons nos distances avec cette autre vie de l'enfant, sa vie hors de notre cercle. Je ne suis pas très à l'aise avec ce rituel, je me sens complètement étrangère à l'impossibilité maladive de me séparer dix heures de mon bébé. Martin est moins imperméable à cette période d'adaptation, comme s'il avait neuf mois de grossesse et trois mois d'absence à rattraper. Thelma et lui font le chemin inverse du mien, ils tissent entre eux un cordon invisible. Depuis son séjour à l'hôpital, mon bébé ne dort plus comme avant. Elle a longtemps trouvé le sommeil en maintenant ses deux petits poings serrés, bras en l'air, des deux côtés du visage. J'ai toujours trouvé amusante cette position statique qui donnait l'impression qu'elle savourait la victoire d'une équipe de base-ball ou qu'elle voulait me faire passer un message communiste abstrait. Et puis il y a eu l'hôpital. À son retour, lorsqu'elle a pour la première fois dormi à nouveau dans son lit rose, je suis allée la voir avant de me coucher. Les gestes de la nuit n'étaient plus les mêmes, tout avait changé et autour d'elle l'ordre bienheureux des peluches en avait souffert au passage. Elle avait choisi de rêver le bras gauche bizarrement retourné sur lui-même, les cinq doigts de la main écartés en étoile, l'autre bras sous le front, le corps tordu dans une position qui hésitait entre le chien de fusil et la crêpe ventrale. Je n'avais jamais connu que Martin pour dormir dans une posture aussi étrangement acrobatique. Thelma n'a plus jamais changé de position. Mon bébé imite les comportements de Martin, calque un peu plus chaque jour ses attitudes sur les siennes, s'approprie ses tics et ses sourires. J'observe le ballet des détails s'accentuer avec le temps, se modifier par de minuscules gestes improbables. Comme si l'enfant voulait copier l'ADN de son père, redonner une certaine cohérence à ce qui apparaît, à ses yeux, comme une chose acquise.

Quand Martin apprend qu'il doit partir pour Munich, le quotidien est une machine bien huilée. À lui de déposer l'enfant à la crèche le matin, garer la voiture, pointer l'heure d'entrée, retirer le manteau, les chaussures qui ne servent à rien, le gilet, raconter la nuit à la référente, attendre l'acclimatation, fuir vite, regagner la voiture, rejoindre l'hôpital, le premier hôpital de la journée. À moi de la récupérer le soir. Dix-huit heures, nouveau pointage, sortir le gilet sur la table de change, le manteau, les chaussures inutiles, passer les surchaussures, retrouver le bébé sur un tapis confortable, petit animal rampant qui vous fonce dessus comme si vous étiez la plus belle chose de l'univers. Les échanges avec les responsables sont devenus classiques : « Tout va bien, tout va toujours bien avec Thelma, une enfant facile, sans cris, sans difficultés alimentaires, sans peines, souriante. Un bébé de rêve », disent les référentes. Les images d'Épinal me font peur, les situations de rêve sonnent comme des bombes à retardement, attentats en suspens.

Le jour où Martin s'en va, il prévoit plus de temps que d'habitude pour déposer l'enfant, lui expliquer qu'il ne part pas pour la vie, lui raconter le nombre de nuits sans être ensemble, le retour qui sera comme une fête merveilleuse, dimanche. L'enfant ne parle toujours pas, émet des sons, des chants, des babillements joyeux. Ce jour-là mon bébé ne pépie pas, reste muette. Martin m'appelle pour me dire qu'il a laissé Thelma dans un silence étrange, plein de coton, comme étouffé.

— C'est Thelma que tu as étouffée ? je me moque.

— Non, sois sérieuse, ce n'était pas comme d'habitude, elle s'est tue.

— Mais Thelma ne parle pas.

— Oui, mais elle chante, elle lâche des sons qui ressemblent à des rires. Tu sais bien.

— Oui, je sais.

Donc Thelma se tait. Elle ne peut pas avoir compris, je me répète, cherche à me convaincre, me ramène à la raison. Elle a sept mois. Thelma a sept mois. Elle ne peut pas saisir les déplacements professionnels, ni les absences du soir pour le travail. Thelma ne sait pas et Thelma ne peut pas savoir, même si Martin l'a regardée dans les yeux pour lui raconter ce soir, puis demain et tous les autres jours jusqu'à dimanche. Thelma est un bébé, un tout petit bébé. Je me le répète tellement que je me lasse. Tais-toi, Sasha. Tout va bien, tout va très bien, Martin rentre dans cinq jours. Thelma ne se rendra compte de rien, ou bien de pas grand-chose.

Puis la crèche appelle. Il est midi, Martin est dans l'avion pour Munich et la crèche appelle :

— Il y a un problème avec Thelma.

— Comment ça, un problème ?

— Elle ne cesse pas de pleurer, elle pleure depuis ce matin, personne n'arrive à la calmer ici.

— Comment ça, elle pleure ? Elle s'est fait mal ? Elle est malade ?

— Non, rien du tout. Elle pleure, c'est tout.

— Et je peux faire quoi, moi ? Je peux faire quoi ?

— Je ne sais pas, vous avez une idée de ce qui la travaille ?

— Non, je ne sais pas.

— Bon, nous allons encore essayer de la calmer. À ce soir.

— Oui, voilà, à ce soir.

Quand je vais la chercher, mon bébé pleure toujours, ne s'est pas arrêtée de la journée. La jeune femme me parle de ses crises de larmes, insiste sur le fait qu'elle n'a rien voulu manger, mais que le pédiatre l'a vue, elle n'a rien. Elle n'a rien sauf quelque chose qui ne va pas. Je veux la prendre dans les bras, Thelma me repousse, ses toutes petites mains balaient l'espace pour m'imposer de la distance. Elle refuse mes câlins, ma tendresse, ne recherche pas mon réconfort. Elle hurle à la mort, jette sa tétine comme si elle était une insulte à son chagrin. Je regarde les autres parents autour de moi, sens le poids de leur jugement, leurs questions silencieuses. J'imagine les scénarios derrière leurs fronts bombés, l'enfant qu'ils perçoivent mal aimée, mal soignée. Je n'en peux plus des pleurs de Thelma, voudrais la faire taire. Je lui propose un éléphant volant, un trapèze imaginaire, une licorne dans notre salon. J'invente pour elle des histoires magiques, lui raconte qu'un ours merveilleux viendra la bercer jusqu'à l'aube si elle se calme, qu'un ballet de dauphins bleus prendra son bain avec elle, que le roi des Esquimaux partagera son dîner. Il ne faudrait jamais mentir aux bébés, Thelma me regarde comme on accuse un bandit, je suis prise la main dans le pot de confiture. Je m'excuse, supplie mon tout petit bébé de se calmer, lui promets d'appeler Martin en rentrant, lui jure d'appeler papa. Je dis « papa » et les larmes cessent. Je recommence : « Papa. » Je suis Lydia invoquant Beetlejuice : « Papa ! Papa ! Papa ! » Alors je comprends, explique à l'enfant que papa pense à elle, qu'il faut cesser de pleurer, sinon papa ne pourra pas l'appeler, pas lui parler, ses cris couvriront ses mots, qu'il rentrera dimanche et que dimanche c'est déjà bientôt. Le regard reste triste, le retour est silencieux, la poussette longe les façades des immeubles sans le piaillement habituel, poussette muette, bébé aphone. L'enfant pose sa tête sur mon épaule pour monter les étages, semble reprendre espoir devant la porte d'entrée de l'appartement. J'ouvre et je vois son cou s'allonger dans mes bras, sa tête s'avancer le plus possible jusqu'à pouvoir inspecter le bureau, tout au fond de la pièce, habillage de salon des appartements qui n'ont pas la place de lui réserver une pièce dédiée. J'ai dessiné ce bureau il y a plusieurs années, c'était le mien avant Martin. Chacune des rayures qui décorent maladroitement le plateau de métal industriel est une marque de mon passé, un peu de mon histoire, de mes heures épuisées au téléphone, des mots qui ne sont pas venus face à la page blanche d'un roman inachevé. Mais Thelma ne le voit pas ainsi, elle ne sait rien du passé de ce meuble. Ses souvenirs de ce bureau remontent sans doute à l'instant où ses yeux ont cessé de voir flou, le moment des regards fixes, à trois mois peut-être, à l'arrivée de Martin dans sa vie. Elle ne connaît pas ce bureau sans Martin, c'est l'endroit du père, l'endroit où elle le retrouve le soir quand ce n'est pas lui qui va la chercher à la crèche. Alors la vision du bureau vide relance les larmes du bébé, et le chagrin s'écoule si longtemps sur la peau fine de son visage que les rougeurs s'installent, on peut suivre le cours de l'eau salée au sillon irrité qui s'est installé sur le bord de ses yeux. Calme-toi, mon bébé. Les spasmes sont autant de petits tremblements de terre à l'intérieur de son corps, univers en mouvement. J'essaie d'appeler Martin pour lui passer l'enfant, qu'il tente une parole, une chanson, n'importe quoi. Mais Martin est en réunion, il est à Munich pour travailler, pas pour répondre au téléphone. J'explique à Thelma qu'il faudra attendre un peu pour parler à papa. Elle ne se calme pas, ne me croit peut-être pas. Faire chauffer sa purée, chaise haute, bavoir, cuillère en silicone, un Sopalin, non, plusieurs Sopalin, un rouleau entier. Thelma mange sans difficulté d'ordinaire, n'est pas bégueule. Mais rien ne passe ce soir, une boule de tristesse lui serre la gorge et la purée ne glisse pas.

Je la couche le ventre vide, parie sur la nuit qui soigne tous les chagrins, permettra, peut-être, d'oublier l'absence de Martin. Je sais que Thelma ne restera pas longtemps éveillée dans son lit, qu'importent les larmes et les angoisses, elle ne parvient pas à garder les yeux ouverts plus de sept minutes une fois couchée. Je suis sereine, le calme est pour bientôt. Je rêve déjà du plateau-repas devant le film du soir, début de nuit paisible après une journée morose. Mais les minutes passent et l'enfant ne dort toujours pas. Elle geint, se retourne, remue, étreint son Tit'ours comme si sa vie en dépendait, refuse mes bras, crie sans interruption, antisociale circonstancielle, malade provisoire, dépressive spontanée. Peut-on être un bébé dépressif ? L'enfant comprend-elle ? Croit-elle son père envolé ? parti comme le gris de la fumée, comme le poseur de graine ? Je repense au chien, à l'instinct animal, me souviens des paroles de l'éleveuse du Tarn avant la naissance de Flaubert. La chienne allait mettre bas et je voulais un mâle, n'importe lequel, demandais à la propriétaire de choisir pour moi. Nous étions d'accord sur les critères : pas de femelle, et le plus grand des chiots. Je voulais celui dont elle penserait qu'il deviendrait le plus haut. La jeune femme m'a demandé de lui envoyer un vieux tee-shirt, quelque chose qui n'aurait pas été lavé, qui aurait dans ses fibres mon odeur. Je me rappelle avoir trouvé l'idée étrange… animale. Mais c'est de cela que l'on parle, d'instinct animal, de réflexe primaire. Le chiot sorti de sa poche, l'éleveuse n'a pas tardé à mettre mon tissu contre lui. Il a grandi quatre mois pleins avec ce vieux morceau de coton. Au moment de le rencontrer pour la première fois, c'était sur le trottoir inhospitalier d'un terminal d'aéroport, bitume froid de janvier, le jeune Flaubert avait confiance en mes gestes, reniflait son quotidien sur ma peau, odeur familière, atmosphère rassurante. Je regarde mon bébé pleurer, animal apeuré, et je revois mon jeune chien. Je monte dans la chambre, attrape le vieux tee-shirt de nuit de Martin qu'il n'a pas emporté avec lui en Allemagne, redescends sûre de moi, prends l'enfant dans mes bras, glisse le tissu blanc froissé entre ses minuscules mains chaudes et humides de larmes, repose mon bébé dans son lit, attends cinq minutes dans un improbable silence, passe la tête : bébé dort. Mon animal triste s'est enfin apaisé.

Papa est parti. J'ai tout de suite su qu'il ne voulait plus de moi, qu'il en avait déjà marre d'avoir une fille, marre de moi. Il avait un gros sac marron que je n'avais jamais vu en plus de sa sacoche de travail noire que je connais par cœur. Sa sacoche, je joue souvent dedans quand il la laisse par terre, près de son bureau, et qu'il me met sur mon tapis de jeu à côté de lui. Ce gros sac marron, c'est nouveau. Maman le lui a donné comme pour le mettre dehors, elle le lui a donné en lui disant : « Je suis sûre que tu vas l'adorer. » Je ne sais pas pourquoi maman a fait ça, peut-être qu'elle en avait assez d'aimer papa. Parce que je l'ai entendue dire ça souvent, qu'elle aimait papa, mais je n'ai pas compris si ça voulait dire qu'elle allait le manger comme des frites, ou en faire son enfant comme moi, ou si c'était encore complètement différent. Ce que je sais, c'est qu'elle lui a tendu ce gros sac en cuir et que ça ressemblait à un ordre de partir. Et je n'ai pas trouvé ça bien. Papa, lui, il n'a pas eu l'air d'apprécier non plus. Il a parlé d'un pays très « loin de vous », comme pour expliquer à maman qu'il voulait vraiment rester vivre ici avec elle et moi, et que s'il ne restait pas, alors il irait le plus loin possible. Mais maman, je crois qu'elle n'a rien voulu entendre, elle lui a dit de bien m'expliquer les choses en me déposant à la crèche. Peut-être que maman m'en veut de ne pas lui avoir trouvé de papa pour de vrai, de n'avoir pensé qu'à moi. J'avoue que, depuis que papa est là, je ne m'occupe plus de maman comme avant, je fais comme les autres bébés de la journée, je laisse maman et papa vivre leur vie et s'occuper de moi. Alors peut-être bien que c'est ma faute si papa est parti.

Il m'a dit tout ce qu'il avait promis à maman de me dire. Quand nous sommes arrivés à la crèche, il m'a retiré mon manteau et mes chaussures et m'a assise sur le plan de travail. Il m'a regardée si profondément dans les yeux qu'il aurait pu faire des trous dedans. Il m'a dit qu'il partait, que j'allais beaucoup lui manquer, qu'il ne serait pas là ce soir et plein d'autres choses que je n'ai plus voulu entendre tellement j'étais triste. Il a parlé de dimanche, mais je n'écoutais déjà plus, il me disait sans doute qu'il m'appellerait ou quelque chose comme ça. Mais moi, je ne veux pas d'un papa qui m'appelle une fois par semaine, je veux mon papa, à moi, à la maison. Comme je voyais bien qu'il était triste, et que je ne voulais pas lui faire mal avec mes larmes qui voulaient sortir, j'ai attendu qu'il soit parti pour pleurer du plus fort que j'ai pu. Je pensais à demain et à tous les jours suivants et j'ai détesté maman d'avoir dit à papa de partir.

Quand elle est venue me chercher, le soir, j'ai voulu qu'elle me laisse et qu'elle ne me touche plus jamais. Pourtant, j'aime maman, je crois. Je l'aime, mais pas comme elle aime les frites ou moi. Elle dit tout le temps qu'elle veut me manger. Moi, je n'ai pas envie de manger maman, je préfère mon biberon au chocolat le matin, ou la purée des repas. Je ne sais pas si maman a le même goût sucré que le lait, à l'intérieur. Peut-être qu'elle est comme les compotes pomme-coing, trop liquide. C'est sûr qu'elle doit être pleine d'eau dedans, je me souviens qu'elle en perdait des rivières entières par ses yeux quand je suis sortie. Mais même si je l'aime, et même si je ne sais pas vraiment comment je l'aime, je ne veux pas la voir aujourd'hui. Je veux papa, qu'elle le fasse revenir et qu'elle ne lui dise plus jamais de partir. Quand elle m'a dit qu'elle allait l'appeler, j'ai cru qu'elle avait compris. Mais on est rentrées à la maison et il n'était pas joignable. Je n'ai rien voulu manger. Comme si, en partant, il avait serré très fort un nœud de marin à l'intérieur de mon estomac. Avec le nœud et les larmes, il n'y avait plus de place pour avoir faim. Alors maman m'a mise au lit. Elle avait l'air triste de m'avoir fait de la peine. Alors j'ai hurlé pour qu'elle cède et qu'elle ramène papa. J'ai hurlé tellement fort que je n'arrivais plus à respirer. J'avais mal aux paupières aussi, tous les tuyaux de sang qui passaient à l'intérieur étaient gonflés à en exploser.

Après, c'est un peu brouillon. Je ne veux pas dormir, pas encore, je veux convaincre maman. Je hurle, je crie sans plus rien voir, j'ai de l'eau plein les yeux, Tit'ours est mouillé, il m'en veut, il ne fait plus de musique, c'est l'eau de mes yeux, il rouille au-dedans. Mes lèvres tremblent, mon corps remue tout seul, je me sens mal, ma tête tourne. Je veux papa, je veux papa. Je glisse ma tête sous Tit'ours pour qu'il soigne ma douleur entre les oreilles. Je ne cesse jamais de hurler. Puis papa vient dans mon lit, je reconnais son odeur. Je n'ai plus le courage pour le câlin et les mercis, je les garde pour demain. Papa est dans mon lit, il retire son tee-shirt pour que je le serre contre moi. L'odeur de papa me caresse le visage, je peux cesser de hurler. Je suis fatiguée. Papa le sait, il n'essaie pas de me parler, il veut juste que je sache sa présence, on respire de nouveau le même air, je peux dormir, je peux rêver, papa est là, papa est revenu.

Quand je me réveille, la lumière du jour commence à éclairer les contours de ma chambre, elle fait une couronne dorée à Tit'ours dans mon lit. Papa m'a laissée dormir, est parti sans bruit pour ne pas me réveiller, m'a laissé son tee-shirt. Alors j'attends que maman et lui se réveillent, pour dire merci à maman d'avoir ramené papa, et pour sentir les bras de papa me serrer très fort aussi. Quand papa me tient dans ses bras, quand il me fait voler si haut au-dessus du sol que je suis plus grande que maman, quand il pose ma tête contre son épaule et que je sens sa peau toute chaude contre mes joues, alors je sais que je viens de là, de sous son cuir, de derrière ses mots. Je suis sa fille depuis l'intérieur de lui jusqu'à l'intérieur de moi, comme ce jour où je suis sortie du ventre de maman et que j'ai su qu'on ne se quitterait jamais.

Mais maman descend seule. Elle est encore seule quand elle vient me tirer de mes draps. Toujours seule quand elle m'installe sur ses genoux sur le canapé, pour boire mon biberon du matin. J'aime ce moment. Pourtant, il a aujourd'hui un goût acide, la lumière qui vient du ciel à travers les Velux du salon me nargue, comme si elle voulait éclairer plus fort l'absence de papa. Je déteste maman d'avoir fait repartir papa. Je lui crache le lait au chocolat sur sa chemise de nuit. Maman s'énerve. Tellement que j'ai peur qu'elle s'en aille, elle aussi. Les yeux recommencent à me brûler, l'eau revient plus fort. Mon nez ne respire plus, tout mon corps remue du dedans. Mais maman apporte la voix de papa dans le téléphone, elle me colle ses mots à l'oreille, papa qui me parle et me promet qu'il rentrera dimanche. Je me rappelle qu'il m'a déjà parlé de ce dimanche, c'était à la crèche. Comme je n'ai pas ses yeux à regarder, comme il me manque son image pour jouer avec les traits du coin de sa bouche, je fais attention à tout ce qu'il dit, même aux mots compliqués, pas comme hier. Je comprends qu'il n'est pas vraiment parti, qu'il est toujours avec moi, je ne sais pas comment il fait ça, peut-être avec un téléphone qu'il a à l'intérieur et que j'ai aussi. Papa me promet de ne jamais me quitter. Il dit « jamais » comme si le ciel et les océans ne pouvaient rien changer à sa décision. Papa est plus fort que le ciel et les océans. Quand il raccroche, je sais que je n'ai plus besoin de crier à maman de me ramener papa. Papa rentrera dimanche, il me l'a promis.

Thelma se concentre sur les portes coulissantes qui s'ouvrent et se ferment comme les deux pans de velours d'un théâtre miniature. Elle examine le ballet des arrivées, les visages froissés des voyageurs au long cours. Elle observe ceux qui débarquent, rapides, une petite valise à la main, prêts à s'enfoncer dans le métro, et les autres, chariot roulant devant eux, l'œil impatient, les doigts qui cherchent les bons gestes pour se donner une contenance au moment de retrouver celle ou celui venu les chercher. L'enfant regarde aussi ceux qui, comme nous, attendent un proche, parient que la prochaine ouverture de rideau sera la bonne. Nous sommes à l'aéroport depuis quarante minutes, les paris perdus se succèdent, brun impair et manque, blond pair et passe. Le panneau des vols à l'atterrissage annonce un retard, l'appareil en provenance de Munich fait une dernière danse dans les airs, pas pressé de faire le salut final. L'enfant n'en peut plus de déshabiller les visages de son regard fébrile, elle veut son père maintenant, et tout de suite. Je souris devant son minuscule visage sur lequel les expressions s'affirment. Quand mon coureur de fond arrive, le visage de ma fille s'illumine comme si toute la vie retrouvait un sens.

Thelma vit le plus beau dimanche de sa courte existence. Elle ne veut pas déjeuner, pas non plus goûter, elle reste dans les bras de ce papa qu'elle a choisi, qu'elle a voulu, qu'elle a adopté. Il est celui qu'elle copie, qu'elle imite, celui qui la rassure. Elle passe des heures à lui offrir sa tétine, puis Tit'ours, à les reprendre, pose sa tête contre l'épaule de Martin, puis son petit front contre le crâne tellement plus grand de son père, se frotte contre lui, s'assure qu'il ne partira plus. Je souris de la voir si heureuse, me moque de Martin : « Elle a retrouvé son petit pa-pa ! » J'insiste sur « pa-pa » comme on se rit des pleureuses, filles à leur père, petites choses fragiles qui voient leur géniteur comme un super-héros, à mi-chemin entre Batman et Dieu. « Et encore, Batman ne vole pas, lui ! », je lui rappelle qu'à hauteur de bébé son mètre quatre-vingt-seize doit être un passeport pour le ciel. Le soir, Thelma finit par accepter une soupe et un petit-suisse. Elle a gardé dans les yeux ses étoiles de l'aéroport, à croire qu'elle les a décrochées elle-même du ciel pour regarder son père, et qu'elle ne les rendra plus jamais. Martin la change, la prépare pour la nuit, puis je prends le relais, serre l'enfant dans mes bras et la penche vers lui pour le baiser du soir que j'appelle le « bisou-bonne-nuit », elle tend sa joue et Martin l'embrasse avec toute la tendresse de l'univers. Le réveil à quatre heures du matin, l'aéroport de Munich, le vol assis sur une place prévue pour des personnes mesurant vingt-cinq centimètres de moins que lui, l'enfant qui ne l'a pas lâché des yeux, le regard de Thelma sur chacun de ses gestes, comme pour les retenir, les apprendre par cœur et, peut-être, les reproduire le lendemain à la crèche… Martin n'en peut plus, ses yeux se ferment presque. Quand je mets l'enfant au lit, son premier « pa-pa » résonne dans toute la maison, désarticulé, comme bientôt ses premiers pas seront, eux aussi, forcément désarticulés, incertains, maladroits, mais sincères et convaincus. Thelma dit : « Pa-pa » et Martin apparaît à la porte de sa chambre, les yeux grands ouverts, le cœur au bord du ravin, certain qu'il doit sauter dans ce vide que mon petit bébé déplie sous ses pieds, l'océan de ses yeux bleus.

Il y a bien eu un avant et un après ce « pa-pa ». Un avant et un après Munich. Le soir où Martin a entendu le premier mot de sa fille, le soir où elle a voulu que ses syllabes primordiales le désignent, lui seul, ce soir-là, il a passé sa nuit sur Internet. Teint blanc au réveil. Sommeil oublié, troqué contre des heures entières à chercher comment Thelma devait le nommer, comment remettre les choses en ordre, pour finalement accepter que cette appellation d'origine archicontrôlée, « papa », et les évidences du futur qui en découlaient, correspondaient à notre vérité quotidienne.

En costume et chemise à l'ouverture de la mairie, Martin vérifie qu'il a tous les papiers, toutes les autorisations, toutes les signatures. Il nous a emmenées avec lui, Thelma et moi, le moment doit être solennel, comme on signe des accords internationaux qui changeront le monde de demain. Martin veut voir ce « papa » écrit à l'encre noire sur une feuille à en-tête. Il répète : « C'est important. » Mais l'employée de l'état civil trouve le moyen de réclamer l'unique papier manquant. Ce document pourrait ne pas exister, ça ne dérangerait personne, mais l'administration française a son sadisme et ses idées fixes. Martin décide que Thelma n'ira pas à la crèche ce jour-là, « elle ne passe pas son bac à la fin de l'année, elle peut bien rater un lundi ! » Vivre cet instant sans elle est inenvisageable. Sans elle et sans moi. Alors nous ne nous quittons pas, annonçons à notre enfant qu'elle va faire la crèche buissonnière, persévérons tous les trois de dossier incomplet en dossier incomplet, ajoutons des pièces et des éléments jusqu'à faire céder cette femme charmante pour qu'elle admette enfin que tout est en règle.

Quand nous rentrons à la maison, un papier officiel en main, rien n'est comme avant. Cela ne se voit pas sur nos visages ou dans nos gestes, mais nous sommes les rois du monde. Nous vidons la bouteille de champagne et le biberon de lait, nous faisons renaître les Twin Towers en planchettes de bois Kapla, nous domptons les panthères blanches libérées des barreaux du lit de Thelma. Nous sommes plus forts que jamais, rien ne pourra nous arrêter.

Les jours qui suivent, le quotidien reprend son cours rassurant. Thelma commence à faire ses premières dents, elle crie de douleur tout son soûl puis s'apaise, accalmie passagère entre deux avis de tempête. Je tente de me représenter la douleur de ma fille, repense à la poussée de mes dents de sagesse, multiplie le mal lancinant par le nombre de dents de Thelma. La règle mathématique appliquée à la souffrance fait froid dans le dos.

Martin propose de dîner avec sa sœur, à la maison, pour profiter de l'enfant. Je lui demande s'il compte lui dire qu'ils seront trois à table à partager le même patronyme, il répond qu'il ne sait pas, que la soirée décidera. Cette annonce planera donc au-dessus de mes lasagnes épinards-ricotta comme le quatrième homme de la table.

Martin tient à ce que ses parents, sa sœur, ce clan originel auquel il appartient, qui constitue ses fondations quoi qu'il dise et quoi qu'il fasse, nous intègrent, Thelma et moi, comme la nouvelle famille dont il est désormais le pivot, le pilier central. Plus que tout, il souhaite que ses deux familles se mêlent et ne fassent plus qu'une, comme on intègre le chocolat aux œufs pour que le gâteau soit parfait, fondant comme il faut, aussi bon que beau. Alors il hésite, imagine des scénarios catastrophiques ou merveilleux selon le temps et l'humeur. Il se souvient de la droiture de son père qui, enfant, lui paraissait si plein de rigueur, parfois rugueux. Il n'a pourtant jamais douté de son amour, même quand il était caché sous le masque d'un atavisme qui, très tôt, oblige à ne rien montrer de ses sentiments. Il connaît sa mère, tendre Anglo-Autrichienne, ses rêves de traditions familiales que l'on se transmet de mère en fille, de mère en bru, de mère en petite-fille aussi, son amour des jolies lignées.

Avec sa sœur, les choses sont différentes. Elle est la courroie de distribution, le traducteur de langage, celle qui a réussi l'alchimie parfaite entre une vie indépendante et un fort ancrage familial. Elle sait « parler parents » comme d'autres parlent anglais ou italien, avec la passion des jolis dialectes. Martin est moins doué pour les langues étrangères, il préfère le silence plutôt que le risque de décevoir, redoute tellement la peine qu'il pourrait faire qu'il repousse aux jours lointains le moment de parler. Sa peur du jugement de sa sœur est à la mesure de l'amour qu'il lui porte. Au moment où elle sonne à la porte, il fait dîner Thelma. Quand il surgit de la cuisine, entre les traces de purée sur son visage, je lis sur ses traits l'angoisse, le stress et la joie mêlés.

Martin ouvre le champagne. Une coupe, puis deux, une autre bouteille, la soirée brille, l'alcool sait habiller chaque parole d'une robe de princesse de conte de fées. Je soigne la présentation des plats, jette un œil à la sœur de Martin et à Thelma qui lisent ensemble leur troisième livre à l'envers. L'enfant devrait dormir depuis des heures mais personne ne veut interrompre ce moment pour des questions de règlement intérieur. Alors Thelma traîne jusqu'au moment où nous décidons enfin de passer à table. Pauline demande l'heure normale du coucher d'une enfant de huit mois. L'alcool libère les mots, même ceux restés bien agrippés au fond de la gorge de Martin, certains s'échappent et font des phrases qu'il n'avait pas anticipées : « Les enfants de huit mois, je ne sais pas. Notre fille se couche à vingt heures. Aujourd'hui, c'est exceptionnel ! » Je note tout de suite les mots qui ont fait le mur, ce « notre fille » échappé de sa phrase, jette un regard interrogateur à Martin. Il baisse les yeux, s'attend que sa sœur ne relève pas. Mais Pauline a l'âme d'une gardienne de prison verbale, ne laisse passer aucun détenu sans demander le permis de sortie. « Tu veux dire que c'est la tienne ? Enfin, vraiment la tienne ? Ça y est ? Elle porte ton nom ? Mon nom ? Elle porte notre nom ? » Martin hésite : tout révéler ou éteindre la mèche ? Il cherche dans mes yeux une réponse qui le tirerait d'affaire, n'y trouve que ma stupéfaction, reprend son souffle, perdu dans la bataille, et finit par lâcher un « Oui » semi-ravalé qui libère des larmes au goût de champagne sur les joues heureuses de sa sœur. Pauline nous embrasse avec, dans la voix, le même bonheur que si nous lui avions annoncé un mariage ou une grossesse. Elle court attraper l'enfant restée assise devant les livres ouverts, la serre contre elle et recommence les présentations du début de soirée : Thelma est sa nièce, elle sa tante ! Pauline attrape ce nouveau titre au vol comme si elle venait de recevoir une récompense sacrée et nous fait promettre de ne jamais lui retirer cette qualité merveilleuse.

Je ne me souviens plus du reste de la soirée, il y avait beaucoup de joie et des sourires à mille dents au bout des phrases. Quand Pauline nous a quittés, Martin l'a regardée s'éloigner par la fenêtre. Elle était soudain toute petite vue d'en haut, mais il se sentait riche, tellement riche d'avoir cette sœur-là, d'offrir à Thelma cette tante-là.

Quelque chose a changé entre nous. Je veux dire : entre nous tous, entre maman et moi, entre papa et moi, entre nous trois et le reste du monde. C'est depuis ce matin où nous sommes allés dans une grande maison, comme un château, sans les tours, mais le reste était pareil, il y avait un drapeau devant et des gardes sur les côtés. On a monté un immense escalier sans fin, papa était bien habillé, maman aussi. Moi, ils m'avaient mis une jolie robe. Mais surtout, ce jour-là, je ne suis pas allée à la crèche. On a parlé à une dame assez sympathique dans le château-sans-tours-mais-avec-un-drapeau, puis papa a eu l'air un peu fâché. C'est là qu'il a décidé qu'il n'y aurait pas de crèche. J'ai compris qu'il voulait que je porte son nom. Ça avait l'air terriblement important pour lui, et pour maman aussi. Ils voulaient se mettre en règle, ou quelque chose comme ça, un peu comme cette histoire de « traçabilité de la viande » dont ils parlaient à la radio la dernière fois que maman m'a changée dans sa chambre. Oui, ça ressemblait à ça : pour que j'obtienne la même appellation que papa, il fallait répondre à un tas de critères et on a passé la journée à tout mettre en ordre. Je me suis quand même demandé comment faisaient les agriculteurs dont maman parle souvent, ça doit leur prendre un temps fou d'aller au château pour chaque vache et chaque mouton. Le soir, papa a pleuré tellement il était heureux que la dame du château-sans-tours soit enfin contente de tous nos papiers. On est rentrés un peu tard à la maison. Mes parents ont ouvert une grande bouteille en verre avec du jus de fruit gazeux à l'intérieur. Ils m'ont fait goûter un peu de leur bouteille dans un gobelet. Je n'ai pas bien saisi l'intérêt de mettre le jus de la bouteille dans un gobelet. Quand maman remplit mon biberon en plastique, elle me fait boire directement à la tétine, sans verre. Parfois, on essaie avec le verre, mais alors on ne sort pas le biberon, maman tire directement l'eau du robinet. Peut-être qu'il n'y a pas de tétine pour la bouteille de jus gazeux de maman et papa. La nuit suivante, je ne sais pas si c'est le jus au gaz ou autre chose, mais j'ai eu très très mal dans la bouche. Je crois que j'ai crié toute la nuit. Maman a parlé de mes dents qui poussaient, mais je ne comprends pas bien ce que ça veut dire. J'ai bien vu les grandes touches blanches du sourire de maman, et de tous les adultes aussi. Papa me montre souvent ses petites touches de plastique blanches, dans sa bouche à lui, mais j'espère que je ne vais pas en avoir autant parce que ça ne doit pas être très agréable d'avoir toute cette vaisselle à l'intérieur. Ce que je ne saisis pas, c'est qu'aucun autre bébé de la crèche n'a des touches dans la bouche, donc c'est un truc de grands, et moi, je suis encore petite.

Quand on s'est réveillés, c'est là que tout était vraiment différent. Papa ne cessait de répéter que j'étais sa fille comme s'il le découvrait. J'ai eu un peu de peine, au fond, je crois, car je pensais que ça faisait longtemps que papa était complètement mon papa. Même marraine a changé ce jour-là. Elle a voulu qu'on aille la voir dans l'après-midi et de nouveau je ne suis pas allée à la crèche. Elle ne parlait plus à papa de la même façon. Marraine, je recon-

naîtrais sa voix entre mille. Ses mots résonnent un peu comme ceux de la fée bleue dans le livre que maman me lit parfois, elle parle sur une fréquence qui ne doit exister que pour les gens un peu magiques comme elle, pas comme les fréquences normales de la radio de maman ou de la voix de papa. La voix de marraine, c'est autre chose, ça peut se battre contre tous les monstres de l'univers. Maman, quand elle est avec marraine, je sens bien qu'elle n'a plus peur de rien, comme si la voix de marraine formait une armure invincible autour d'elle. Ce jour-là, marraine a fait une cuirasse plus grande avec ses mots pour pouvoir entourer maman et papa et qu'il ne puisse plus rien leur arriver.

Et puis, la sœur de papa est venue dîner à la maison. On a lu plein de livres toutes les deux. La sœur de papa, quand elle vient, c'est comme si elle avait tous les espoirs du dehors collés sur elle, elle arrive dans la maison et la vie des autres rues du monde entre par les fenêtres. Maman et papa disent toujours qu'ils aiment être loin de tout ça, que c'est heureux que notre cabane en ville soit perchée très haut dans le ciel, au-dessus des escaliers qu'il faut monter longtemps. Ils aiment ça, ils disent que ça met une distance vitale entre le bruit de la rue et nous. Flaubert, notre chien, il n'aime pas trop le bruit de la rue non plus, il préfère le silence de la forêt quand on l'emmène courir. Pauline c'est tout le contraire, c'était merveilleux de la voir apporter les éclats de voix qu'elle avait volés à la place de Paris où elle vit. Je sais ça, que Pauline habite là où sont tous les gens qui ne sont pas chez nous. Elle dit qu'il y a de la vie dans son quartier, papa répond qu'il y a surtout du bruit, alors je me demande si la vie fait toujours du bruit, quand on écoute bien, ou si ça dépend des endroits.

Quand Pauline a su qu'on était allés au château-sans-tours tous les trois, quand papa lui a dit qu'il avait changé mon appellation, comme on certifie le nom des fromages sur le plateau du dîner, elle est venue me prendre dans ses bras et elle m'a serrée très très fort. C'est là que j'ai compris que c'était vraiment important, pour eux, cette histoire d'étiquette sur mes vêtements. Que si on m'étiquetait comme papa, ça changeait beaucoup de choses maintenant.

Il commence à faire vraiment beau. J'aime les premiers jours de l'été, ils sont une promesse, tout est à venir, les jolies choses sont devant nous. Le milieu de l'été me plaît bien moins, commence déjà à m'effrayer, j'entrevois la fin, le vent glacial et les arbres rouges en ligne de mire. Mais nous sommes fin juin. La vie devrait être une fin de mois de juin qui ne s'arrêterait jamais. Martin propose de partir cinq jours dans le Sud, chez sa grand-mère. « Omi a quatre-vingt-seize ans et l'âge l'a rendue intolérante, m'explique Martin. Mais c'est une femme exceptionnelle, et puis on ne sera pas obligés de passer tout notre temps avec elle. » Intolérante comment ? Martin précise qu'Omi dit ce qu'elle pense, elle ne prend plus de gants, ça doit être l'arthrose : les gants, elle ne peut plus passer les doigts dedans ! « À quatre-vingt-seize ans, on a le droit », je réponds. Oui, on a le droit, mais Martin trouve que c'est quand même difficile, on n'est pas obligé d'être si dur sous prétexte qu'on ne peut plus rentrer les doigts dans les gants, on peut mettre des moufles, ou même juste un peu de crème. Il enchaîne : « Par exemple, tes cheveux tout courts, elle ne va pas aimer du tout, elle peut te dire quelque chose comme : C'est très moche, c'est vraiment très moche vos cheveux courts ! Il ne faudra pas lui en vouloir, ça ne sera pas méchant, c'est juste l'âge, et la solitude. C'est à cause de son mari qu'elle a perdu, elle l'aimait tellement son mari, et puis c'est le deuxième homme qui meurt dans ses bras, ça fait beaucoup pour une seule femme. »

Je n'ai pas cherché à connaître l'histoire de ces deux hommes, je me suis dit que j'en saurais plus un autre jour, et même si je ne sais pas, ce n'est pas grave de ne pas connaître l'histoire de tous les morts de l'univers, c'est déjà tellement compliqué avec les vivants.

On a pris la voiture en pleine nuit, comme des voleurs.

Avant, pour partir en week-end, c'était facile, il suffisait d'une trousse de toilette et d'un peu d'essence dans la voiture. Maintenant, c'est comme préparer une opération commando. Il faut la poussette Yoyo, les lingettes Cadum, la crème Bepanthen pour les fesses, les biberons avec des ouvertures différentes selon les heures de la journée, les couches Pampers, la piscine gonflable qu'on n'a jamais essayée, la crème solaire spéciale nourrisson, la chaise haute pliable, le transat, le tapis d'éveil. De derrière, la voiture ressemble à un camping-car miniature ou à un dessin des *Triplés.* Les bébés, c'est la mort de l'improvisation ! Martin rit devant sa voiture mobil-home. J'adore quand il rit. Il serait capable de conduire en bob, avec des lunettes de soleil à deux heures du matin. Dans sa tête, il se voit déjà chez sa grand-mère. Il n'a rien voulu prendre à manger, pas même un paquet de gâteaux. On s'arrêtera chez le petit épicier en contrebas du domaine.

On est partis à vingt-deux heures. Thelma ne s'est pas réveillée quand on l'a sortie de son lit pour l'installer à l'arrière de la voiture, bien accrochée dans son siège bébé. Le vendeur nous a expliqué que ce siège, il n'y avait rien de mieux, que c'était la Rolls-Royce des sièges de bébé. Il vient d'Allemagne et a l'air totalement inconfortable. J'ai expliqué au vendeur que ma fille ne pouvait pas être bien dans un siège avec un boudin de deux fois sa taille qui lui serre le ventre et lui maintient les bras en l'air de cette façon, qu'elle n'aurait bientôt plus de sang dans les mains à force de les garder en l'air ! Mais le vendeur a répondu à Martin que le siège venait d'Allemagne, et qu'en cas d'accident seul ce modèle éviterait que le bébé se casse toutes les côtes, qu'au moment du choc son corps s'enroulerait autour du gros boudin et que c'était la meilleure assurance qui soit. Il a mentionné l'accident comme si c'était une chose entendue entre lui et l'avenir, pas une éventualité mais un événement inscrit dans son agenda et dont il connaissait déjà tous les détails. J'ai détesté ce vendeur, je lui ai grogné dessus comme ma mère le fait quand elle n'aime pas les gens, lui ai demandé s'il avait déjà fait huit heures de route les bras en l'air, juste pour voir. Mais Martin n'a voulu prendre aucun risque, alors on a pris le siège allemand et Thelma dort maintenant les bras levés vers le ciel, cambrioleuse arrêtée par la police. Cambrioleuse somnambule.

Quand on est arrivés au Gaou, le domaine où vit la grand-mère de Martin, il était déjà l'heure du petit déjeuner. Martin avait conduit toute la nuit et je me sentais lamentable de m'être endormie tout du long au lieu de lui tenir compagnie. J'aurais voulu lui faire la conversation jusqu'au petit matin, qu'il sente qu'il avait une femme sur laquelle il pouvait compter près de lui.

On a trouvé une boulangerie et des croissants pour tout le monde, même pour Thelma, elle avait l'âge de goûter maintenant, et avec ses trois dents dans la bouche, un tout petit morceau lui ferait la matinée. J'ai demandé à Martin s'il avait prévenu Omi pour Thelma. Il a répondu qu'il n'avait rien dit, que ce serait la surprise du chef et qu'on verrait bien. Avec les croissants, ça passerait peut-être.
Une fois sur le domaine, Martin m'explique que sa grand-mère vit dans la grande maison et que nous occuperons la petite. Devant la porte, Martin me demande de rester avec Thelma qui se réveille à peine dans mes bras. Elle ne sait pas qu'elle a parcouru la moitié de la France dans son sommeil. Quand elle a fermé les yeux, on était à Paris, la nuit, il faisait même un peu froid. Son regard est froissé, elle cligne des yeux face au soleil qui se lève déjà plus chaud que chez nous. Martin revient avec les clés, il est fier de nous ouvrir les portes de cet endroit. Il y a eu des travaux depuis la dernière fois qu'il est venu, il dit que c'était il y a si longtemps. Il dit « si longtemps » comme pour insister sur le fait qu'aujourd'hui est le début d'une ère nouvelle. Il me dit : « Je ne suis jamais venu avec personne ici », d'un air très fier. Il nous fait faire le tour du propriétaire comme si c'était la suite d'un hôtel de

luxe : « Ici la salle de bains, vous constaterez les pierres apparentes au mur et les caillebotis qui donnent tout son cachet à la pièce ! » Martin est joyeux, tout le temps, c'est merveilleux parce que, avec moi qui suis souvent triste, ça fait un joli équilibre. On pose Thelma sur le tapis du salon avec quelques jouets et on défait les sacs. « Martin, il faut aller voir ta grand-mère quand même. » Il me demande si je suis prête à accepter les réflexions sur mes cheveux courts et les questions sur Thelma. Il ne cesse de me répéter : « Si elle est un peu sèche, il ne faut pas lui en vouloir, tu me promets ? » Je promets. Je peux promettre des choses complètement folles à Martin, juste pour le voir sourire. Même de ne pas être triste si sa grand-mère me trouve moche et qu'elle déteste ma fille qui est aussi la sienne. On embarque les croissants, et Thelma. Martin me dit : « Tu peux prendre la petite dans tes bras ? Je ne veux pas choquer Omi dès le premier jour, laisse-lui le temps de s'habituer. » Je ne me vexe pas, je veux être heureuse, qu'on soit heureux tous les trois, même s'il faut faire semblant d'être deux plus un et pas trois d'un coup.

Quand on arrive, Omi nous attend sur la terrasse. Comme elle a du mal à marcher, même avec sa canne, elle nous demande d'aller chercher le café qui doit être prêt dans la cuisine. Elle a préparé le café pour nous, c'est déjà beaucoup. Elle me dit bonjour avec un accent néerlandais très fort, qui me donne l'impression d'être définitivement en vacances. Omi a des rides profondes et bienveillantes, de grands yeux bleus qui ont l'air d'avoir quinze ans au milieu d'un visage qui pourrait en avoir déjà cent. Elle me fait penser aux robes de mariée des vide-greniers, le tissu blanc cassé est devenu jaune avec le temps, on sent les divorces et les moments difficiles au coin des dentelles déchirées, mais on sait qu'elles ont apporté beaucoup de bonheur, cette force-là est restée intacte. Omi demande le prénom de ma fille et répète : « Thelma » avec une joie adolescente. Puis elle me demande si j'ai un endroit où asseoir l'enfant, un siège spécial ou quelque chose comme ça. Quand Martin revient avec la poussette, Omi tient à ce que l'enfant soit assise près d'elle, pour pouvoir lui parler. Je lui dis que Thelma ne parle pas encore. « Moi si ! » elle me répond avec une insolence de gamine. En regardant Omi avec mon tout petit bébé, je songe que c'est beau, cette liberté qu'on gagne en vieillissant, ce droit que l'on obtient de faire ce que l'on veut sans se soucier de quiconque, ni avoir à s'expliquer. Être vieux, c'est comme avoir un passeport diplomatique ou une sirène à sa voiture, ça dispense de toute justification. Alors j'attends la réflexion sur mes cheveux, et comme elle ne vient pas tout de suite, je prends un croissant. Omi dit à Martin qu'elle est heureuse que nous soyons là, que Martin soit là et nous avec lui, que c'est important d'être là tous les quatre, maintenant. Elle dit ça comme si elle allait mourir demain. Tandis qu'elle parle avec Thelma dans une langue que personne ne comprend vraiment sauf elle, qu'elles échangent des regards et des mots, je me dis que ce serait quand même dommage qu'elle meure tout de suite, que Thelma a encore plein de souvenirs à construire avec cette arrière-grand-mère. Elle ne sait pas encore tout ce qu'elle représentera pour Thelma, plus tard, mais un jour Omi saura et, ce jour-là, il faudra qu'elle vive encore un peu pour lui apprendre à conserver ce regard d'adolescente sur la vie et au-delà de l'âge. « Ne bougez pas, je vais faire une photo ! » Je dis « une photo », mais j'en fais plein, dix, quinze. Pourquoi autant ? La peur qu'aucune ne soit bonne, peut-être, de tout rater, peur de l'échec, encore.

Enfin Omi me demande pourquoi j'ai coupé mes cheveux aussi court. Je lui explique que je voulais savoir ce que ça faisait d'être un garçon, un peu, de ne pas avoir de cheveux à rouler dans ses doigts quand on prend un café seule, à une terrasse. Je lui dis que je voulais vérifier ce qu'il allait rester de moi quand on aurait retiré toutes mes boucles blondes et qu'il n'y aurait plus que mon visage à voir. Martin n'ose rien dire, comme un petit garçon. Omi lance d'une voix sèche et merveilleuse : « Je comprends ! » Juste ces deux mots-là : « Je comprends », puis elle reprend sa conversation hermétique avec Thelma. Martin ne reconnaît plus sa grand-mère. Quelque chose de magique se produit, Thelma a des pouvoirs qu'on ignorait.

On aurait pu rester mille ans sur cette terrasse avec Omi, mais elle nous a ordonné d'aller profiter de la plage, il fallait que Thelma voie l'océan. Elle nous a fait promettre de venir lui raconter, le soir, ce que Thelma aurait pensé de la mer, de lui décrire chacune de ses réactions. J'ai juré, me suis engagée à lui faire un reportage photo complet et un compte rendu détaillé. J'ai pensé que Martin avait de la chance d'avoir Omi pour grand-mère, et que j'aurais bien aimé en avoir une encore vivante pour l'entendre dire à ma fille des mots inconnus.

Thelma a aimé la mer, le sable et toutes les vagues sur lesquelles Martin lui faisait faire la planche avec ses bras. Chaque soir, on allait sur la terrasse montrer à Omi les minutes importantes que j'avais photographiées. Comme elle ne pouvait plus cuisiner, avec ses jambes gonflées et ses hanches abîmées, le troisième jour j'ai fait flamber des crevettes géantes avec du pastis, et préparé un gratin de courgettes. On s'est mis à table tôt et Omi s'est donné un mal fou pour se maquiller et mettre une jolie robe avec des bijoux qui lui donnaient l'air d'être une jeune fille de dix-neuf ans. J'aurais pu en pleurer tellement c'était beau de la voir avec ses boucles d'oreilles et ses bracelets tandis que le jour tombait. Elle avait passé un peigne magnifique dans ses cheveux crêpés. On a dîné aux chandelles, Omi nous a intimé l'ordre de sortir l'argenterie et même Thelma avait mis sa plus belle robe. On a beaucoup bu ce soir-là, surtout Martin et moi, et, tandis qu'on vidait les verres de champagne, les deux filles continuaient de parler dans leur langage bizarre, c'était fou de se dire que plus de quatre-vingt-dix ans les séparaient.

Quand on est partis, le cinquième jour, Omi n'avait plus le même regard qu'à l'arrivée. Comme si quelqu'un avait éteint la lumière dans ses yeux. Parce qu'elle ne voulait rien montrer, et surtout pas qu'elle était triste, elle nous a conseillé de partir vite, pour arriver tôt. On a fait une dernière photo, tous ensemble, sur la terrasse, Thelma, Martin, Omi et moi. On a mis le retardateur sur l'appareil photo et on a fini complètement excentrés dans le coin en bas à droite de l'image. Pourtant, cette photo était magnifique. « Même le cadre foiré est magnifique », a dit Martin. Quand Omi a serré très fort son petit-fils dans ses bras, elle lui a dit : « Tu es riche, tu as une famille. »

Je n'ai pas vraiment compris qui c'était, sauf qu'elle sentait le riz grillé et que j'ai adoré cette odeur. Maman m'a expliqué qu'on allait voir la maman de la maman de papa. Je ne comprends pas vraiment comment on peut être la maman de la maman d'un papa. Moi par exemple, je suis sortie du ventre de maman. Alors est-ce que ça voudrait dire que papa serait sorti de sa maman qui était dans sa maman à elle ? Ça devait être difficile d'être tous ensemble à l'intérieur d'Omi au tout début. Déjà que moi, toute seule, j'étais serrée…

Omi a le visage tout plissé, c'est joli, comme certains tissus très chers que maman achète parfois pour se coudre des jupes quand elle sort avec papa le soir. Mais surtout, Omi dit des mots étonnants, comme des jeux. J'adore écouter Omi parler, elle dit des choses que je ne comprends pas mais comme elle appuie très fort sur la fin des phrases, on dirait qu'elle récite des formules magiques et qu'elle pourrait me transformer en souris verte si elle voulait.

Je n'ai pas vu maman remplir la mer, ni maman ni papa d'ailleurs. Quand on est arrivés devant la plage presque vide – « c'est l'avantage d'arriver un peu tard, on a moins de monde », a dit maman –, la mer était déjà pleine. J'ai cru comprendre que, plus tôt, des tas de per-

sonnes avaient dû se laver en même temps ici, c'est bizarre. Peut-être que le premier arrivé a rempli la mer et que ça aurait dû être à nous de la vider en partant, comme quand maman vide le bain après m'avoir lavée. Je ne sais pas, je trouve juste ça étrange que quelqu'un ait pris soin de laisser cette grande baignoire remplie rien que pour nous. Mais c'était chouette, j'ai pu me laver avec papa près de moi. Je ne peux jamais faire ça à la maison, il me met dans l'eau savonneuse et il reste assis devant ma baignoire, ou bien c'est maman, mais ils ne viennent jamais avec moi se laver dans l'eau. L'autre chose un peu étrange, c'est que j'ai gardé ma couche et un body sans manches qui était dans un tissu différent de tous mes autres bodys. Un body qui brillait un peu au soleil. C'était amusant, il y avait des oiseaux, comme le canard en plastique de mon bain, mais en plus grand et qui avaient l'air vivants, ils prenaient leur bain eux aussi, mais plus loin. Je crois que les oiseaux, c'est ce que j'ai préféré dans cette grande baignoire, et aussi les vagues qui arrivaient sans que j'aie besoin de remuer les bras, comme quand maman me dit : « Fais des vagues, fais des vagues, fais des vagues » pour que la mousse se retrouve d'un seul côté de la baignoire. Là, la mousse s'écrasait sur le sable de la plage. Un truc marrant, ça aussi, le sable, comme le béton de la rue en bas de la maison, mais cassé en dizaines de millions de tout petits bouts. J'ai vraiment aimé la grande baignoire de la mer, mais je me demande si, quand même, on n'aurait pas dû la vider en partant, personne n'a pu venir prendre son bain après nous, il faisait presque noir quand on est rentrés, c'est pas très propre d'avoir tout laissé en vrac comme ça.

Neuf mois-un an

On donne beaucoup d'importance aux liens du sang, beaucoup trop. On dit qu'ils sont à la base de la famille alors qu'ils n'ont rien à voir. On s'oblige à une forme d'amour fondée sur le partage impalpable d'une origine commune alors que l'ADN n'entend rien à la famille, et encore moins à l'amour. Je me suis souvent demandé, enfant, ce que voulait dire « être père ». J'ai des souvenirs de moi, gamine, imaginant ce que serait ma vie avec cette présence supplémentaire à la maison. Je suis née dans un univers exclusivement féminin : ma mère, la nurse et moi. Une partie de mes fondations sont nécessairement bancales, comme un meuble Ikea dont on aurait improvisé la construction faute d'avoir toutes les pièces. Je me souviens, j'ai six ans, peut-être sept, et je dis à ma meilleure copine, car on a toujours une meilleure copine à cet âge-là : « Tu sais, quand j'entends les mamans dire aux filles de l'école à la sortie : "Tu verras quand ton père rentrera !" je me dis que c'est pas obligé d'avoir un papa ! » Avec l'âge, la meilleure copine est devenue ma plus vieille amie et je sais aujourd'hui qu'un père ne sert pas seulement à donner les punitions du soir. À lui aussi de donner à la petite fille en manque de repères cette force magique de pouvoir penser, tout au fond, qu'elle est une princesse. « Papa » est un mot merveilleux qui soigne les genoux écorchés, combat les monstres volants, ridiculise les méchants à la sortie de l'école, porte sur ses très grandes épaules sa fatigue et ses problèmes, ne trouve à sa hauteur aucun des prétendants de la Terre. Quand elle se trouve moche et pleine de boutons, papa continue de la voir comme la plus jolie fille des livres de contes merveilleux. Plus tard, papa aidera à poser le parquet de son premier appartement, à construire la bibliothèque, à chasser le mauvais fiancé. Papa sera toujours le meilleur, pas un ne lui arrivera à la cheville et il est important que les choses demeurent ainsi, que tous les garçons de l'univers soient un tout petit peu en dessous de papa. Comme sa fille sera toujours un tout petit peu au-dessus de toutes les autres filles du monde à ses yeux. Mais la notion de « papa » n'est pas dans nos veines, elle ne s'échappe pas de nous à chaque blessure, n'appartient à aucun groupe A positif ou O négatif. Elle n'a rien à voir avec la génétique, absolument rien. Finalement, papa est plus proche de l'arbre avec lequel on fabrique les meubles les plus solides que de l'arbre généalogique. Il est dans chaque souvenir des petites filles depuis leur naissance, il est dans chaque séjour à l'hôpital, dans chaque premier jour de crèche. Dans les premières dents qui percent, aussi.

Martin est partout, absolument partout dans le cœur de ma fille, sauf dans son sang. Et comme je n'aime pas la vue du sang, je me fous qu'il fasse partie de cette chose-là.

Quand Martin rentre ce soir, il m'annonce que sa mère, Johana, a rendez-vous dans deux jours chez un médecin parisien et aimerait dormir à la maison la veille de la consultation. L'appartement n'est pas grand, notre petite cabane en haut des marches n'est pas vraiment faite pour recevoir. Pourtant, bizarrement, cet espace pensé pour une femme seule, et pas trop grande, ne se formalise pas de notre présence à tous, Flaubert, braque de Weimar à l'option caniche nain intégrée, Martin, Thelma et moi. Les murs se sont adaptés à la vie de chacun, comme si rien n'était plus relatif que la capacité théorique d'un mètre cube. J'aime l'idée d'ajouter une génération, le temps d'un soir, à notre petit bloc familial. Le canapé se déplie et notre chambre n'est pas pire qu'une chambre d'hôtel moyenne.

Thelma ne sait encore dire que « papa », quelque chose de très touchant et à la fois complètement frustrant pour moi. Je me console en pensant qu'elle ne voit sans doute pas l'intérêt d'insister sur une évidence. Je voudrais pourtant entendre ma fille articuler avec le même sourire naïf un « ma-man », comme le « pa-pa » qui devient, chaque jour, un peu plus clair. Avec ce seul mot qu'elle répète sans cesse, je me dis qu'elle ne risque pas de raconter à Johana sa journée de crèche buissonnière et les nouvelles données identitaires qui vont avec. Tout au plus lui permettra-t-elle de se faire à l'idée qu'un jour, elle aura une petite-fille, et que cette petite-fille est déjà née. Martin ne se sent pas encore prêt à dévoiler l'administratif, il préfère que les mots précèdent le papier. Donner son nom à Thelma, c'était aussi donner celui de ses parents. Pas facile de trouver le bon moment pour leur expliquer qu'il a fait une OPA sur le patronyme familial pour en donner un morceau, même tout petit, à son bébé.

Je passe dix heures de réflexion à trouver le repas idéal pour recevoir la mère de Martin, je m'interdis de rater ce premier dîner chez nous, comme si l'avenir de notre mini-gang allait se jouer sur la cuisson du poisson. Je veux que tout soit parfait, voir un sourire sur les lèvres de Johana, qu'elle regarde l'enfant et se dise, tout au fond d'elle-même, que « grand-mère de Thelma », c'est pas si mal. Je veux qu'en rentrant chez elle, à Troyes, elle dise à Paul-Henri : Sasha est une fille épatante, une fille merveilleuse, c'est une bénédiction pour Martin tu sais, une bé-né-dic-tion ! Thelma ne s'imagine pas tout ce qui se joue autour d'elle. Vue de la rue, quand Martin est derrière la poussette et moi à côté d'eux, rien ne la différencie de tous les autres bébés de neuf mois. Elle n'est pas moins souriante, pas moins joueuse non plus. Elle n'a pas de tache de naissance immense qui lui mangerait la moitié du visage, pas de malformation visible, elle est comme toutes les autres petites filles de neuf mois, juste un petit bébé dans une poussette. Je voudrais pouvoir regarder dans le ventre de mon enfant pour savoir si l'intérieur ressemble, lui aussi, à tous les autres intérieurs de bébés de son âge ou si le papier peint est un peu différent. Je déteste ces gens pleins de certitudes qui veulent que les choses se répètent en une boucle infinie, comme si rien ne devait changer de génération en génération, comme si une mère amputée d'un pan de famille devait avoir une fille amputée du même pan. Ma fille a brisé seule le cours des choses, elle a inversé le sens des grandes marées de son tout début de vie, elle s'est choisi un papa. Peut-être que ma fille se fout des boucles, de l'infini, et du destin, peut-être que ma fille sait qu'au fond on est les seuls à décider de ce qui dépend de nous et de ce qui dépend des autres. Peut-être aussi ignore-t-elle qu'avec son père elle aura peut-être, un jour mais pas tout de suite, une grand-mère et un grand-père qui seront comme deux nouveaux piliers de son clan. Peut-être même qu'elle n'en veut pas, pas du tout, mais comme je ne sais rien de ce qui se passe derrière les yeux bleus de ma fille, je me dis qu'il vaut mieux que je réussisse le poisson.

J'ai conscience du rêve de tous les parents du monde, de cette envie irrépressible que leurs enfants fassent, eux aussi, des enfants, des enfants différents de Thelma, nés avec leur sang et leur nom de famille.

Comme je sais tout ça, je veux que le dîner soit parfait, absolument parfait.

Le soir, notre étage est devenu une jolie chambre d'hôtel. J'ai mis un chocolat sur l'oreiller, sorti un bel ensemble de serviettes et posé un savon propre dans la salle de bains. Le ménage est parfaitement fait, si l'envie prend à qui que ce soit de manger par terre, c'est possible. La chambre de Thelma est rangée, le reste de l'appartement aussi. J'ai brossé le chien, huit fois, pour être sûre qu'il ne perde pas trop de poils. Flaubert s'est un instant demandé si je voulais le dépoiler complètement ou si j'avais juste décidé de passer tout le reste de ma vie à lui frotter le dos avec ma brosse. J'ai eu un mal fou à trouver l'entrée parfaite pour ce genre d'occasion qui n'est répertoriée dans aucun livre, je rêve du manuel de cuisine qui me donnerait la solution idéale, comme tous ces ouvrages à la mode qui prétendent vous apprendre quoi faire à chaque minute de votre vie, jusqu'à vous rappeler de vous laver les dents après les repas pour maintenir une hygiène buccale respectable. Le livre de mes envies me promettrait le menu parfait pour la future grand-mère de mon enfant, un guide pas à pas, et, bien sûr, j'y croirais. Mais comme ce livre n'existe pas, j'ai opté pour un carpaccio de noix de Saint-Jacques à la truffe avant mon bar rôti aux herbes. En dessert, de la glace vanille et des fruits rouges. J'ai dressé la table dès le midi, choisi le meilleur champagne, acheté des fleurs, il faut penser à tout, ne rien laisser au hasard, comme si la couleur des serviettes allait me définir en tant que personne. Le matin, déjà, quand il a fallu sortir la tenue de Thelma, j'ai choisi une robe rose pâle, puis finalement un jean à la garçonne et une chemisette rayée, pour finir avec une salopette vert tendre et un gilet blanc cassé. Au réveil, Thelma a absorbé mon anxiété avant, sans doute, de s'en libérer une fois arrivée à la crèche. Dans son langage de bébé, sans doute a-t-elle lâché à ses petits camarades de section : Maman est ultra stress', je crois que la présidente d'une crèche lointaine vient dîner, ou un truc du genre, mais c'est la loose totale à la maison, je ne peux rien toucher tellement tout a été astiqué six fois. Puis elle aura fini par jouer avec les autres enfants en concluant avec eux que les grands, c'est vraiment trop bizarre.

Quand Johana arrive, Martin est tout juste rentré. Il est passé prendre l'enfant à la crèche – je pense : Sa fille, mais n'en dis rien. Les assiettes de carpaccio attendent au réfrigérateur, le bar patiente au four, le gratin de courgettes aussi, le riz sauvage ne bouge pas du réchaud. Tout est sage sur le plan de travail, tout m'obéit encore à cet instant de la soirée. Mais Thelma, qui ne pleure jamais, se met à crier, Martin m'explique que les responsables de la crèche lui ont parlé d'une poussée de fièvre et d'une nouvelle dent. Alors on sort le Doliprane pour faire baisser sa température. Johana a posé ses quelques affaires dans notre chambre, a à peine vu mes efforts hôteliers, car, déjà, le lit sert de table à langer. L'enfant hurle de plus en plus fort, la dent déchire sa gencive en sadique appliquée. Ses cris cognent dans ma tête, on n'entend plus la douce musique classique que j'avais passé des heures à sélectionner. Thelma avale le Doliprane en bonne élève, mais ses hurlements ne cessent pas. Elle nous exhorte à la soulager, sa douleur devient la nôtre, on perçoit chaque minuscule bout de dent percer, déchirer les chairs et poindre plus haut. Thelma hurle : « Aïeaïeaïe », je me demande quel réflexe naturel et instinctif lui fait dire « aïe » quand elle a mal, mais son « aïe » vient du plus profond d'elle, elle le beugle comme un animal blessé, brame sauvage qui lacère l'air de l'appartement. Johana ne se démonte pas, me demande la permission de prendre les choses en main. Elle me dit qu'elle a connu ça, les dents qui percent, deux fois, qu'il n'y a rien à faire mais que certains massages, parfois, peuvent calmer la douleur. Elle prend Thelma dans ses bras, pousse sans y prêter attention le chocolat soigneusement disposé sur l'oreiller, s'appuie contre le mur qui fait tête de lit et prend l'enfant contre elle. Ses doigts appuient sur la joue de ma fille, font des mouvements circulaires du côté douloureux, elle me demande une poche de glace, petite, toute petite. Martin prend le relais, prépare le nécessaire, revient et insiste : sa mère n'est pas obligée de faire quoi que ce soit, nous sommes capables de nous en occuper seuls. Mais Johana ne veut rien entendre et use de l'autorité que lui confère l'âge dont elle dit qu'il faut bien qu'il offre quelques avantages. Elle veut se rendre utile. Nous voilà tous les deux, parents ramenés à l'état de bambins, à regarder le calme revenir à pas feutrés, comme un lendemain de guerre, ce calme que ni Martin ni moi n'arrivions à inspirer à notre fille jusque-là. Johana devient à jamais le drapeau blanc des pleurs grâce à un massage de gencives, notre gourou à tous les deux. Le moment dure longtemps, comme une envie de tirer sur l'instant à l'infini, de tordre les minutes et de les distendre jusqu'à ce qu'elles deviennent des heures.

Puis c'est l'odeur du four qui nous sort de notre communion, le poisson a viré squelette, ma marinade est un vieux souvenir cramoisi. Je regarde mon plat noirci, « ci-gît ce qui fut notre dîner », je veux garder l'humour des désespérés, mais Martin devine, au tremblement de mes mots, qu'il pourrait remplir un verre entier avec les larmes que je retiens. J'ouvre le réfrigérateur à la recherche d'un plan B : chambre froide vidée pour qu'y logent nos entrées. Elles ne suffiront pas à calmer la faim, je pense tout haut. Je me souviens soudain du riz sauvage, me rue sur la casserole et découvre le tas devenu compact et gluant : ce riz fier et indompté que notre société normalisée n'a pas réussi à blanchir m'appelle à l'aide comme un fou sous camisole, chaque grain comprimé pour toujours dans un magma immangeable. Je jette le tout, et mes rêves de perfection avec. Je voulais être la bru idéale, je deviens cet officier déchu auquel on arrache, une à une, ses décorations d'un coup d'épée sec et précis. J'en suis là de mon désespoir quand Johana propose une pizza, insiste : il y a bien des possibilités de se faire livrer une pizza ici ! Elle dit que ça lui rappellera sa jeunesse parisienne, avant le mariage et la vie à la campagne, avant Martin aussi. La voilà joyeuse comme une enfant, Thelma assoupie tout contre elle. Elle ajoute : « Une pizza au saumon et à la crème fraîche, pour aller avec le carpaccio ! » L'affaire est entendue, Martin passe la commande et le livreur promet : « Trente minutes, ou vous serez remboursés ! » Martin conclut : « Alors, dans ce cas… Eh bien, champagne ! »

La soirée a filé comme une chose simple. Nous avons ri, nous avons bu, nous avons aimé la pizza qui est arrivée à l'heure. Nous n'avons pas été remboursés et nous avons même donné un gros pourboire au livreur.

Au matin, nous étions tous les trois réveillés tôt, suffisamment pour décider de prendre le café sur le balcon, serrés comme on l'aurait été sur un emplacement miniature devant une tante au camping des Flots bleus. Nous avons aimé ce moment avec passion, il a duré un temps que je ne saurais pas définir, un temps qui est allé du coucher de la lune au ciel devenu clair, un temps sans se parler jusqu'à ce que l'enfant nous rappelle qu'il fallait compter avec elle.

J'ai lu dans le regard de Johana son étonnement de voir Martin aller instinctivement chercher Thelma et son biberon du matin. De la surprise mais aussi beaucoup de fierté. J'ai refait des cafés et nous avons partagé ce calme moment, tous les quatre, comme un matin normal. En partant pour son rendez-vous, Johana m'a remerciée de mon hospitalité en espérant me revoir bientôt. Elle a corrigé : « Vous revoir bientôt » en s'adressant à Thelma que Martin préparait pour la crèche. Elle n'en a pas dit plus, n'a rien laissé filtrer de ce qui se passait en elle.

Après ça, la vie a repris comme avant, mais avec quelque chose de différent dans l'atmosphère, surtout au moment des pleurs.

Elle a les yeux bleus comme moi, et une odeur de fleur d'oranger, comme la brique de lait aux céréales du matin. Elle dit les mêmes phrases que maman et papa, mais les mots ont une musique différente. Maman pense que ce sont ses origines anglaises qui lui donnent un accent, mais je ne sais pas vraiment ce que ça veut dire. Ce que je sais, c'est que quand j'avais tellement mal dans la bouche que je criais trop fort pour entendre ce qui se passait autour de moi, elle m'a prise contre elle en appuyant sur ma joue, j'ai trouvé ça bizarre au début, mais je n'ai rien dit, elle traçait des ronds sur ma peau, comme pour lui donner une direction. Puis ça a fini par faire pareil que la chanson de maman pour m'endormir, ça a bercé la douleur jusqu'à ce qu'elle se repose complètement. J'aime la maman de papa, on dirait qu'elle sait toujours quoi faire, comme si c'était une maman pour toute la maison. Ce que je me demande, mais je n'ai pas encore les mots pour le dire, c'est si c'est aussi ma maman ou une sorte de dérivé de maman. Parce que alors, comme elle est déjà la maman de papa, ce serait ma maman-en-cascade ou quelque chose comme ça.

J'y suis depuis une heure, répète en boucle à mon enfant : « “Ma-man”, dis “ma-man” ! » J'essaie sur tous les tons, je promets des éléphants roses, des tapis volants, des balades en calèche, je jure de faire le cochon pendu dans la chambre de ma fille si elle dit « maman ». Mais Thelma me nargue, répète : « Pa-pa » comme une acharnée. Son père rentre, me voit me noyer dans un combat désespéré contre ses syllabes : « Allez, ma chérie, dis “maman”, allez juste une fois, dis “ma-man”, rien que pour moi. Je suis qui moi, hein, je suis qui ? » En voyant son père poser sa mallette, Thelma se met à chanter : « Papa ! » C'est presque fluide, la cassure entre les deux pieds du mot s'estompe de jour en jour.

— Tu sais, tous les enfants commencent par dire « papa », c'est plus facile, juste plus facile, ce n'est pas une question de préférence.

— Oui, je sais, ils commencent par là, mais ils embrayent après, ils ne restent pas fixés des semaines entières sur « papa ».

— Ne t'en fais pas, ça va venir…

— Quand ?

— Je ne sais pas, mais ça va venir.

— Qu'est-ce que tu en sais ? Tu as fait un bac pro en langue bébé appliquée ? Tu as fait un sondage, une étude statistique ? Tu en as parlé avec Thelma ? Et si ça ne vient jamais ? Si ma fille vit un traumatisme intérieur et qu'elle ait décidé de ne dire que « papa » jusqu'à ses douze ans pour que ça te rentre bien dans le crâne ? Hein ? Et si c'était ça ?

— Tu dis n'importe quoi !

— Mais non, peut-être qu'elle veut s'assurer que tu ne l'oublies pas, jamais, qu'elle te répète « papa » pour te faire accepter l'évidence.

— Et même si c'était ça… ce qui ne veut pas dire que je le pense… mais même si c'était ça, ce serait si grave ?

— Mais oui ! Évidemment que ce serait grave… Tu portes un bébé pendant neuf mois, tu t'inquiètes pour lui, pour son présent, pour son futur, et cet enfant, au moment de t'accorder du bout des lèvres la seule reconnaissance possible à dix mois de vie, il te regarde droit dans les yeux et il te lâche : « Papa » avec toute l'insolence du monde ! Si c'est pas une avanie, ça !

— Elle était lourde ?

— Qui ça ?

— Je veux dire : elle était si lourde que ça, pendant neuf mois, pour qu'elle te doive des signes de gratitude près de un an plus tard ?

— Non, pas tellement. Le dernier mois, un peu, mais pas franchement.

— Donc, en fait, elle ne t'a pas trop embêtée pendant neuf mois. Tu m'as dit que tu avais pu faire du vélo, manger ce que tu voulais, voyager même…

— Oui, c'est vrai.

— L'hôpital, les dents, les rhumes, les petites maladies et les grandes, tous ces moments où je me suis levé pour passer la nuit sur le canapé avec elle parce qu'elle avait trop mal pour trouver seule le sommeil et que tu dormais tellement bien… ça vaut bien un « papa », non ?

On se trompe quand on dit que les bébés trouvent plus facile de dire « papa » qu'autre chose. Je crois que les bébés ont tout compris, que les mères sont associées à leur enfant dès la naissance comme une chose inamovible, inaliénable, tandis qu'avec leur père tout est à fabriquer à partir de rien, d'un concept, d'une idée, d'une vague histoire de course de spermatozoïdes qui ne veut rien dire.

La crèche Saint-Michel est devenue notre vieille amie. Martin et moi, on la connaît par cœur, on sait la porte d'entrée avec son code qui ne marche pas tout le temps mais qu'on est obligé de maintenir à cause de Vigipirate et des attentats ; on sait son ascenseur que je prends même pour descendre du premier étage, car Thelma commence à peser lourd dans mes bras, tandis que Martin descend à pied, car sa fille est un petit ours en peluche tout léger pour lui. On sait l'ordinateur de pointage, comme à l'usine, et les fameuses surchaussures pour entrer dans la section. Je me souviens d'un humoriste qui venait d'avoir une petite fille lui aussi, il avait pris une photo de ses chaussures avec les surchaussures bleues qui enrobaient ses pieds comme des poissons frais du marché, et l'avait légendée : « On n'est jamais prêt pour ça ! » Il avait raison. Les surchaussures, c'est une chose inventée par des célibataires moches, aigris et boutonneux, dans des laboratoires éloignés de la vie, pour que les jeunes parents se séparent avant la maternelle. Au bout du couloir, je connais les meilleurs casiers, ceux qui sont les plus proches du plan de change, de sorte qu'on peut attraper le blouson et les chaussures de l'enfant sans se faire une hernie discale, je connais les murs verts de l'établissement, comme si c'était ma résidence secondaire. Quel est le décorateur de génie qui a imaginé de peindre les murs d'une crèche en vert pomme ? Chaque jour, j'ordonne à ma fille de se souvenir, plus tard, de détester cette couleur, sauf dans les salades de fruits. Petit à petit on reconnaît les femmes noires, forcément noires, qui s'occupent du ménage le soir, celles que l'on croise chaque jour parce que nous sommes les derniers parents à récupérer notre enfant. Elles disent : « Bonjour, madame, bonjour monsieur » avec toujours, au fond de la voix, ce tremblement qui trahit leur surprise d'avoir été remarquées, comme si la majorité des parents passait devant elles sans les voir, comme si elles étaient incrustées dans les murs vert pomme de la crèche. J'aime ces femmes, en fin de journée elles conservent une âme à ces pièces vidées des cris des bébés. J'apprends à Thelma qu'il faut leur dire bonjour, toujours, et que si elle ne sait pas encore parler, il faut remuer la main vers elles au moment de partir comme quand elle dit au revoir à maman. Je lui apprends qu'elle doit le même respect aux dames du ménage et à maman, et à toutes les autres personnes de la Terre, sauf les méchantes. Celles-là, elle ne leur doit rien, même pas la monnaie de leur pièce. Avec Martin, on partage les mêmes principes sur l'éducation de Thelma, sur ce qui bâtira les fondements de l'adulte qu'elle sera demain.

Louise m'appelle pour rien, juste pour parler. Elle me dit : « C'est fou quand même, c'est son père hein ? C'est vraiment son père. Tu vois comme elle lui ressemble ? C'est dingue, non ? » Je sais que Thelma ressemble à Martin, à Martin et à Louise. « Tu crois qu'elle vous ressemble parce que vous êtes les deux personnes à vous occuper le plus d'elle ? Tu crois que c'est possible un truc pareil ? Tu crois qu'un bébé peut copier les traits de quelqu'un comme on triche aux examens du collège, en regardant par-dessus son épaule et en répétant la même chose, à la virgule près ? »

Louise est comme moi : avec son père, ça a longtemps été une histoire d'absence. Elle et moi, on sait que la famille, c'est bien plus compliqué que les liens du sang. Elle me répète : « Non mais tu as observé comment il est avec elle ? Je n'ai jamais vu ça, tu sais, c'est dingue, complètement dingue, j'te dis. J'ai rarement vu un homme s'occuper d'un enfant comme ça. »

J'ai toujours pensé que Louise avait une lucidité hors du commun, comme si elle regardait le monde depuis un poste d'observation privilégié auquel elle seule aurait accès et qui lui permettrait de percevoir la vérité de chaque chose. Parfois, elle chante ses découvertes et ça me donne beaucoup de réponses aux questions que je me pose. Louise est chanteuse et ça donne une jolie musique à la vie.

Ce matin, Martin est au téléphone avec Pauline. Elle l'a appelé tôt, à une heure qui ne lui ressemble pas. Tôt pour Pauline, c'est déjà tard pour nous. Il a un moment d'hésitation. On dirait qu'il a pris un coup, mais qu'il ne veut pas que ça se sache. Comme les femmes qui tombent de leurs talons aiguilles et qui continuent de marcher comme si de rien n'était alors qu'elles ont la cheville foulée et envie de hurler de douleur. Martin dit qu'il va appeler ses parents, qu'il comprend, qu'elle ne pouvait pas savoir. Il dit : « Oui, tu as raison, c'est peut-être mieux comme ça. » Il remonte sur ses talons, même pas mal. « Mais ils ont réagi comment ? Je veux dire : ils l'ont bien pris ? Ça s'est passé comment ? Pourquoi tu as parlé de ça, en fait ? Bien sûr que non, je ne t'en veux pas. C'est bien, c'est très bien comme ça. » Martin fait une tête que je ne lui connais pas. Il n'a pas vraiment l'air fâché et pourtant je sens que quelque chose d'important est arrivé. Il dit : « Ne t'en fais pas ! Viens plutôt nous voir. Et toi, ça va ? Ton époux ? » Martin raffole de ce genre d'expressions complètement démodées.

Après avoir rassuré sa sœur une dernière fois, il raccroche, puis attrape soudain ses cheveux avec l'envie de tous les arracher d'un coup. Sa sœur a gaffé, elle est allée déjeuner chez les parents, un aller-retour en train, elle était persuadée que Martin leur avait dit pour l'OPA sur leur nom de famille, qu'ils savaient maintenant que Thelma et eux portaient le même nom pour la vie, et que rien ne pourrait plus jamais changer ça, comme un pacte de sang avec un Indien Takelma du XIXe siècle dans l'Oregon. Elle en a parlé comme d'une chose entendue, sauf qu'ils ne savaient rien. Rien du tout.

Quand elle a compris, il était trop tard pour revenir en arrière, pour supprimer les mots en trop dans la conversation. Ils lui avaient déjà posé mille questions sur ce qu'elle savait de notre journée à la mairie, des papiers que Martin et moi avions signés et de Thelma qui avait raté la crèche ce jour-là. Selon Pauline, Johana a réagi comme les mères auxquelles on annonce la mort d'un enfant et qui disent que c'est impossible, qu'elles l'ont eu au téléphone une heure plus tôt, il allait bien, il avait peut-être un peu trop bu pour prendre la route, c'est vrai, mais il va bien, il est vivant, il y a forcément une erreur. Johana a dit que c'était impossible, qu'elle était à Paris il y a quelques jours, chez nous – elle a dit « chez eux » comme une circonstance aggravante, d'après Pauline. Puis les parents de Martin ont posé encore d'autres questions, ont demandé si Martin était conscient que son nom ne s'effacerait jamais des papiers de Thelma, que c'était pour la vie, que c'était plus important que le mariage ou toutes ces choses-là, qu'on ne divorçait pas d'avec sa fille.

Ça ne va pas du tout, j'ai chaud, très chaud, de lourdes gouttes perlent à mon front. Martin me répète que tout va bien se passer. « C'est juste plus tôt que je ne le pensais, c'est juste différent de ce que j'avais imaginé, mais ce n'est pas grave, pas grave du tout. » Il dit qu'il va appeler sa mère, sa mère et son père, et qu'il va le faire tout de suite, qu'il va tout leur raconter et qu'ils comprendront. « C'est normal qu'ils aient peur, un peu, c'est une réaction de parents complètement normale. » Je ne connais pas les réactions de parents « normaux ». Ma mère a toujours été une mère à part, une mère différente en tout, ses réactions comme le reste. Ma mère était très belle, je raconterai ça à Thelma quand elle sera plus grande, que sa grand-mère était très belle et très moderne, qu'elle a eu trois maris et dirigé de nombreuses sociétés, qu'elle m'a toujours donné tous les conseils qu'elle a pu dans la vie, et l'envie de me battre pour la rendre plus belle, qu'elle a fait tout ça même si elle n'a jamais vraiment su me consoler ni soigner mes genoux écorchés ou mes espoirs déçus. Je lui raconterai cette grand-mère-là pour qu'elle soit fière d'elle, et qu'elle m'aime encore plus aussi de toujours vouloir soigner ses espoirs, en plus du reste. Je lui dirai aussi que c'est ma mère qui me tenait la main quand sa petite-fille est née, ma mère et personne d'autre, et que si elle n'est pas comme toutes les autres grands-mères de la crèche, comme elle n'a pas été semblable aux autres mères, on ne pourra jamais lui retirer d'avoir été la seule à la maternité à être là pour me dire comment faire sortir cette enfant de mon ventre.

Thelma joue sur une toile de jean posée au sol en guise de tapis de jeu quand Martin appelle ses parents. Elle fait la directrice de casting avec les poupées russes qu'une amie moscovite lui a offertes, les aligne les unes à la suite des autres comme pour chercher des différences entre elles, choisir, peut-être, celle qui aura sa préférence pour l'heure qui suit. Puis elle emboîte à nouveau les matriochkas, garde avec elle son amie de ce soir, petite sœur précieuse, et écoute son père parler au téléphone comme si elle comprenait le sens de sa conversation.

Johana pose mille questions à son fils, a-t-il bien réfléchi aux conséquences, sait-il qu'on ne se sépare jamais de son enfant, qu'il finit par quitter la maison, un jour, mais reste son enfant pour la vie ? Elle demande aussi à Martin s'il a pensé que ce nom était un peu le leur, avant d'être le sien et maintenant celui de sa fille, et pourquoi il ne leur en a pas parlé plus tôt. Elle parle du futur, beaucoup, de demain et d'après-demain, et du présent, d'aujourd'hui et de chaque jour désormais, qui ne sera plus jamais comme avant. Elle lui fait répéter encore qu'être père est la chose la plus importante de la vie, l'engagement le plus complet, le plus total.

À cet instant, Martin comprend que ses parents peuvent tout entendre. Il répond maintenant à chacune de leurs questions avec beaucoup d'amour et de respect pour l'instinct de protection des loups qui l'ont vu naître. Rien n'ébranle ni ses certitudes ni l'amour qu'il porte à Thelma, il confirme les choses capitales, parle des évidences qui se sont imposées à lui, du choix de Thelma et du sien de le suivre, de son amour pour moi aussi, bien sûr, il est beaucoup question de ça. Martin sait faire des choses qui me paraissent incroyables, presque un peu magiques, comme prendre des décisions et ne jamais revenir dessus. Je le regarde rassurer chaque crainte comme un marin sûr de son cap. Avant de raccrocher, ils décident que nous venions, Thelma, lui et moi, à Troyes. Je l'entends parler du week-end prochain, je me dis que c'est trop tôt, beaucoup trop tôt, je ne suis pas prête. J'ai dix ans, je revois le professeur de mathématiques sortir les contrôles-surprises et je me sens incapable d'avoir la moyenne, idiote, cancre, ratée. J'ai toujours eu peur des examens, je perds tous mes moyens les jours de concours.

Thelma continue de jouer sur la toile de jean, elle ne sait pas que samedi, c'est presque là et que samedi il nous faudra passer le bac, la licence et l'agrégation à la fois, que le rattrapage n'existe pas dans cette spécialité-là. Pour elle, rien n'a changé entre hier et aujourd'hui. Thelma n'a que onze mois, elle ne connaît pas encore ces journées qui peuvent changer le cours d'une vie. Je ne veux pas qu'on abîme mon bébé, mon tout petit bébé. Martin me rassure, les choses prendront leur temps mais bientôt tout ira bien avec ses parents, tout va déjà très bien, merveilleusement bien, d'ailleurs ils aiment Thelma, il leur faudra juste le temps d'assimiler la nouvelle, ça fait beaucoup d'un coup, sans être préparés.

On est mercredi. Le week-end est dans trois jours.

Les silences sont des êtres maléfiques, de faux amis. Ils s'installent en frères, promettent une sorte de paix à moindre coût, on se contente d'oublier une parole, petite cachotterie, légère omission. Puis ils veulent avoir un rôle à jouer, se muent en farce pour ne pas être complètement relégués au second plan. Un jour, ils deviennent de vrais mensonges et finissent en cadavres que l'on dissimule avec peine et acharnement dans des placards sordides, qui sentent la pourriture et le rance, la décomposition.

Avec Martin, nous avons réfléchi à ce qu'il faudrait dire à Thelma quand elle aurait l'âge de comprendre.

— Tout !

— Tout ?

— Oui, tout !

Alors nous avons commandé un carnet de voyage en cuir sur Internet, un très bel objet d'un bordeaux presque rose avec une centaine de feuilles en papier épais et imparfait. Le lendemain, il est là. Le week-end arrive et je veux partir après avoir tout écrit, tout montré, même si ma fille n'est pas encore près de lire. Thelma est au lit quand j'ouvre le carnet. Raconter sa naissance, ne rien oublier, les détails insignifiants, elle voudra les connaître, tout savoir. Je noircis cinq pages en réfléchissant à la portée des mots, ne néglige rien, jusqu'à la cambrure des lettres, je ne veux me tromper sur aucun sentiment. Un billet qui ne s'adresse qu'à elle. Puis nous compulsons une à une les dizaines de photos que j'ai de Thelma, Martin et moi, il veut que nous décidions à deux du contenu de toutes les pages. Nous revoyons défiler l'enfant et nos amis, les premiers jours de sa vie, tous ces clichés que je fais régulièrement développer. Il y en a partout sur le sol, des kilos de souvenirs en couleurs ou en noir et blanc, selon l'humeur et l'ambiance, des moments qui vont de la veille de sa naissance à la journée d'avant-hier. Nous faisons notre sélection ensemble, même des moments qu'il n'a pas connus. Comme dans les télé-crochets, il y a d'abord un premier écrémage, puis on filtre et refiltre encore, le carnet ne compte que cent cinquante pages en tout. Certaines images passent en quart de finale à vingt-deux heures, d'autres sont demi-finalistes à minuit, les clichés vainqueurs sont couronnés à trois heures du matin. Nous découpons et commentons patiemment chacune des cent cinquante photos qui résument les six premiers mois de la vie de Thelma. En face de celui que j'ai pris de ma fille dans les bras de Martin, de retour du café, ce premier soir où il est parti dîner à l'autre bout de la ville avec plus d'une heure de retard, il écrit un billet à son tour, ses mots pour sa fille, une lettre que je ne veux pas lire, qui n'appartient qu'à elle. Nous finissons l'album à l'aube, puis nous collons la dernière photo, un instantané de Thelma le jour de son dernier anniversaire, nous trois au restaurant pour fêter ça, et la goutte de champagne sur le bout du doigt de Martin, nous voulions qu'elle découvre quelque chose de neuf et merveilleux pour l'occasion : sa première goutte de champagne, une jolie façon de refermer la porte de son sixième mois.

L'album est dans sa chambre, il est huit heures du matin, il l'attend, pour plus tard.

En me promenant le long du canal, j'ai trouvé un presse-papiers décoré du dessin d'un braque de Weimar fumeur de pipe. J'ai d'abord pensé à Flaubert, à sa robe gris argent et à sa silhouette altière quand je l'avais surpris, de dos, dans l'alignement du lit de l'enfant. Il maintenait la tête à courte hauteur pour veiller sur le bébé endormi, mais à suffisamment bonne distance pour ne pas la sortir du sommeil. Flaubert est la meilleure nurse du quartier, sauf qu'il n'a aucun diplôme. Ça lui interdit toute revendication salariale, toute menace de trouver un job ailleurs, aussi. J'exploite mon chien, avec son consentement. Au début, j'avais peur qu'il soit jaloux, j'ai entendu mille histoires effroyables de chiens doux comme la glace à la vanille devenus aigris avec l'arrivée d'un nouveau-né dans la maison. L'aigreur provoque chez les chiens la même chose que chez les humains, ça les rend mesquins, irritables et violents. En général, le chien finit par mordre l'enfant et on n'en parle plus, c'est la SPA, la famille d'adoption ou même la mort. « Il faudrait faire la même chose avec les vieux aigris », ai-je dit un jour à une copine. Flaubert est un guerrier d'argent, c'est son petit nom, sa particule à lui, elle lui vient de l'élevage qui l'a vu naître. Flaubert des Guerriers d'argent, il pourrait être star de *comic book* avec un nom pareil, à côté de Batman, de Superman ou encore du Surfeur d'argent. Le Surfeur, lui, finirait en bronze, car Flaubert n'aime pas la concurrence. La chance de Thelma, c'est qu'elle est une fille, mon chien a un penchant pour les femelles, chiennes ou pas.

J'ai acheté le presse-papiers pour Paul-Henri. Le père de Martin a longtemps eu plusieurs braques de Weimar qu'il emmenait à la chasse. Samedi commence cette nuit et, dès demain matin, nous partons pour Troyes. En arrivant, des fleurs pour Johana et le presse-papiers pour Paul-Henri, ce sera idéal. Le marchand fait un très joli paquet et, tandis que je le regarde passer le lien de raphia autour du papier de soie, je pense tout à coup au partage du nom, à l'OPA de Martin, à la journée paperasse, à la gaffe de Pauline et aux questions de sa mère pendant si longtemps au téléphone. Je pense administration, papiers, presse-papiers… Paul-Henri risque de prendre le presse-papiers pour une provocation, il croira forcément à une provocation, une insolence majuscule, il me détestera et Thelma avec, même si Thelma n'y est pour rien. Je me déteste de n'avoir pas pensé à l'évidence plus tôt, j'aimerais que tout se passe bien mais je fais n'importe quoi, je ne veux pourtant rien abîmer, rien du tout. En sortant de la boutique, j'arrête le premier passant, un homme d'une quarantaine d'années, beau comme un dieu. Je lui offre le sachet contenant le joli paquet et la menace d'incident diplomatique qui va avec. Je lui dis que c'est un cadeau, qu'il a gagné le prix du millième passant que je croise, qu'il a une chance folle. Je me sens rescapée, passée à deux doigts de la catastrophe. Dommage, tout de même, le presse-papiers était joli. Je me console, le garçon était tellement beau, il le méritait.

Je prépare les sacs avec la même panique que la première fois, en pire. Thelma fait comme si de rien n'était, Martin aussi. Aucun des deux ne se rend compte de ce qui peut se passer là-bas, à Troyes. Aucun des deux n'a vu les mêmes films que moi, aucun des deux n'a même jamais regardé *Dallas* à la télévision, les familles qui s'entre-déchirent pour une action de société *off-shore*, les cousins qui refusent que telle ou telle blonde épouse l'un des leurs parce qu'elle n'est pas du même rang, les enfants que l'on croyait légitimes et qui sont le fruit du péché, ceux dont on découvre l'adoption douze ans plus tard, les drames, les fâcheries qui vont plus loin et plus fort que la vie, les divorces, les suicides. *Dallas*, son univers impitoyable. J'imagine la scène, Paul-Henri et son fusil de chasse nous attendent sur le perron, on est samedi, il est onze heures du matin. Ses pieds sont rivés aux marches, rien ne le fait vaciller. Il fait froid, le vent amène des sons lointains, ils comblent le silence. Nous descendons de la voiture, je m'avance pour lui dire bonjour, Johana se tient derrière son homme, ce pourrait être le Texas. Martin va chercher l'enfant encore attachée dans le siège bébé, à l'arrière, il s'avance pour embrasser son père, lui tend Thelma, il dit : « Papa, je te présente Thelma, Thelma Sinlié ! » Le coup part, Paul-Henri tire entre les deux yeux de Thelma, puis il regarde Martin, comme si de rien n'était, et Johana annonce qu'elle a préparé du canard pour le déjeuner.

Troyes est à deux heures de route. Sur le chemin, Martin me dit qu'il ne sait pas comment les choses se passeront, mais qu'il est confiant. Avant de partir, je suis allée acheter un olivier. Dans certains pays du Sud, on offre des oliviers à la naissance des enfants, les mères ou les grands-mères les plantent dans les jardins, et les oliviers grandissent, deviennent de beaux arbres, symboles des enfants devenus des hommes. J'ai choisi un petit olivier d'intérieur, opté pour le cadeau sans l'histoire qui va avec. Je suis une boule de sentiments, de symbolisme, de sacré, je m'interdis d'en faire trop, surtout ne pas les effrayer. Mais trop, ça commence quand ? Je déteste le monde désincarné, les instants qui se suivent sans aucun sens, la culture de la consommation à outrance sans aucune volonté de conserver les souvenirs. À quoi bon prendre soin du pull de grand-mère puisque H&M nous en propose trente par saison pour le tiers du prix d'une pelote de laine vierge ? J'aime que les choses durent, se transmettent, je déteste les modes et tant pis si tout le monde offre des orchidées, les orchidées ne dureront jamais jusqu'au bac de ma fille et si on en rachète, ça ne voudra plus rien dire. Je passe en revue les choses que j'aurai, plus tard, à léguer à mon enfant, avec l'espoir qu'elle les léguera à son tour, un jour, à ses propres enfants. J'ai des réflexes de vieux. Les jeunes ne pensent jamais à demain, instinct de survie, ils préfèrent oublier que leurs enfants auront peut-être des enfants, parce que alors il faudrait aussi penser au réchauffement climatique, au problème des retraites, à l'aggravation du chômage, et pas sûr qu'ils aient encore le courage de faire des bébés après ça.

On est arrivés. Je regarde le perron au cas où Paul-Henri s'y trouverait déjà avec son fusil, simple précaution. Il est midi, l'heure de la chasse est déjà passée, de toute façon. Johana s'affaire en cuisine, je la vois par la fenêtre. Martin détache Thelma à l'arrière de la voiture, j'attends encore pour sortir. J'inspire un grand coup et ouvre ma portière, l'air froid fouette mon visage, comme un nouveau présage. Paul-Henri apparaît enfin à la porte, sans arme. Je n'éprouve pas encore de vrai soulagement, mais quelque chose qui y ressemble tout de même. À l'intérieur, ça sent le plat mijoté et cette odeur qui n'a pas de nom mais qui veut dire qu'on y travaille depuis le réveil. Comme la première fois, on se dirige vers la cuisine pour faire déjeuner la petite et ne pas repousser à trop tard l'apéritif des grands. Thelma n'a presque plus d'appréhension, elle est moins farouche, elle a gardé le souvenir de Johana, observe Paul-Henri avec intérêt. Il n'y a pas de pleurs, pas d'éclats de mots. Paul-Henri est fier de nous montrer qu'il a ressorti la chaise haute de Martin. Il l'apporte à la cuisine et je l'imagine ainsi quand il revient de la chasse avec un sanglier de plusieurs kilos. Je n'ai pas la notion du rapport kilos/bonheur d'un sanglier, j'ignore à partir de quelle masse on est en droit d'être le plus fier du quartier, mais là, Paul-Henri porte sa chaise haute comme si elle était le plus gros gibier qu'il ait jamais chassé. Puis il reste là, Johana aussi, mais Johana est une mère, il paraît que c'est instinctif chez les mères, surtout les mères expérimentées, on surveille que tout se passe bien pendant le repas d'un bébé, de n'importe quel bébé, parce qu'on saura quoi faire si ça se passe mal. C'est une sorte de pacte tacite entre toutes les nouvelles mères du monde et toutes les anciennes. Les pères, c'est autre chose, et Martin m'a expliqué que Paul-Henri, c'était pas vraiment son truc, les bébés, histoire que je ne le prenne pas contre moi, ni contre Thelma. Il m'a dit : « Si Paul-Henri devient un jour gaga de Thelma (il l'appelait « Paul-Henri » comme s'il parlait d'un oncle ou d'un président de la République), alors le chien peut parler, ta mère peut voler, l'immeuble peut déménager tout seul. » En voyant Paul-Henri avec la chaise haute, j'ai eu envie d'appeler mon voisin pour vérifier que l'immeuble était bien resté à sa place. Puis j'ai songé qu'on n'y était pas encore tout à fait, au stade gaga, qu'il ne fallait pas exagérer non plus. Après le repas de Thelma, on passe tous au salon, avec elle, même si Martin a fini d'installer le lit parapluie dans sa chambre d'enfant à l'étage. Son père dit : « Elle peut bien rester un peu avec nous », et là j'ai envie d'appeler ma mère pour vérifier qu'elle n'est pas en train de voler au-dessus de sa ferme, en se prenant peut-être tout à coup pour l'un des canards qui font escale chaque année sur sa mare, pendant les grandes migrations.

C'est là que Johana dit à Paul-Henri : « Va le chercher, va le chercher, c'est le bon moment ! » Alors je comprends qu'il va rapporter son fusil et liquider Thelma par-derrière. Qu'il va faire un carnage en tuant la mère et l'enfant, et même son fils, comme dans les films, qu'il n'a été si gentil avec la petite jusqu'à présent que pour en arriver là, pour endormir ma vigilance, qu'il va faire un carton et que ça fera peut-être la une des infos locales demain. Mais il revient avec un gros paquet qu'il pose en évidence devant les yeux épatés de Thelma. Dans les paquets, ce que Thelma préfère, c'est le papier. Quand elle en voit un, une petite lumière s'allume dans ses yeux comme la lumière de la sortie d'urgence qui reste toujours brillante dans les théâtres et dans les cinémas, et qui gêne tout le monde mais qui veut dire : Attention, il peut toujours se passer quelque chose de grave pendant que vous pensez à autre chose, le monde ne cesse pas de tourner quand le beau gosse embrasse la jeune héroïne ou quand Musclor sauve la planète. La lumière qui s'allume dans les yeux de ma fille, elle, veut dire : Attention, plus rien ne comptera tant que je n'aurai pas déchiré ce papier-là ! Alors Thelma déchire le papier. Comme elle ne fait pas encore plus de trois pas, et qu'ils sont aussi incertains que ceux de Pinocchio avant la bonne fée bleue, quand Geppetto doit encore aider ses gestes désarticulés avec ses fils de coton, elle reste assise pour déchiqueter le paquet. À la fin, elle se retrouve face à un nounours, une bête brune qui fait presque sa taille, avec des yeux ronds qui lui donnent l'air heureux en toute circonstance et un nombril de la taille de son ventre. Les pattes avant et arrière pendent comme des membres morts, ce qui donne, bizarrement, un air sympathique à l'animal. Johana est fière d'annoncer que « Paul-Henri est allé choisir Raymond tout seul ». Elle dit Raymond comme si c'était une évidence. Puis Paul-Henri précise que le nom peut, bien sûr, être changé, que c'est un nom qu'il lui a donné de façon momentanée, mais qu'il ne veut rien imposer, rien du tout. Étant donné les circonstances, ce serait gonflé de notre part de débaptiser Raymond… Comme personne ne relève, je dis que Raymond c'est très bien, absolument parfait. Je ne sais pas pourquoi ça émeut autant Martin que le nounours s'appelle Raymond. Ça doit avoir un rapport avec le chien qui ne parle pas vraiment alors que Paul-Henri devient un peu gâteux quand même…

Je pense très fort qu'il ne faut pas que Thelma appelle Martin « papa », pas maintenant, ça serait encore trop tôt. Vraiment trop tôt. Et, quand Martin emmène Thelma à la sieste pour que nous puissions passer à table, je me dis que la sieste n'a jamais été aussi opportune qu'aujourd'hui.

Je me ressers de la blanquette de veau même si je déteste la blanquette et le veau. Manger m'occupe, ça me donne une contenance. Le début du repas a des allures de paix froide, on parle de tout avec la certitude que les vrais sujets arriveront plus tard. Martin raconte son travail, je ne sais pas pourquoi il fait ça, pour éviter de parler du reste, je pense. Martin n'aime pas parler de ses semaines, il n'y voit aucun intérêt, sauf pour faire diversion, comme là. Alors on parle de l'hôpital de Rouen, puis de la clinique de Neuilly, du système de soins français, puis de la Sécu. C'est pas mal, la Sécu, comme sujet, on peut y passer du temps et ça fait glisser les plats jusqu'au fromage. Johana aborde l'OPA sur leur nom de famille au moment du camembert. Toute ma vie, à partir de maintenant, je verrai le camembert comme le fromage des sujets importants. J'attends la liste des craintes, les peurs pour l'avenir, les enfants qui restent à soi, même après la mort. Mais Johana me demande juste : « Elle porte le nom de Martin, mais le tien avant aussi, ou après, ou juste celui de Martin ? » Elle dit ça avec son accent qui donne l'impression d'écouter une chanson des Beatles. Je voudrais lui répondre que j'adore les Beatles, que Thelma s'appellera comme elle veut du moment que ça lui plaise, et que je mangerai de la blanquette de veau tous les jours si Johana me le demande, et si elle continue d'aimer un peu ma fille, ma toute petite fille. Martin répond qu'elle a nos deux noms, le mien puis le sien, il est heureux, il sourit en disant « nos deux noms » comme si c'était la combinaison d'un coffre-fort. J'attends les questions suivantes, mais il ne se passe rien, juste le dessert qui arrive et Thelma qui se réveille, Johana qui dit à Martin de rester assis, de manger tranquillement son dessert, Johana qui insiste, elle sait habiller un bébé, elle n'a pas besoin de Martin, pas du tout. Alors on reste là, tous les trois, Paul-Henri, Martin et moi. On reste là et on mange notre part de gâteau à l'orange qu'elle a fait pour faire plaisir à Paul-Henri, parce que c'est son gâteau préféré. Quand Thelma redescend dans les bras de Johana, elle voit Martin et elle dit : « Pa-pa. » Ça sort tout seul, je voudrais crier : « Ce n'est pas sa faute, vous savez, ce n'est pas une provocation, c'est juste son habitude de bébé, c'est normal. » Comme personne ne dit rien, qu'il n'y a même pas l'un de ces silences oppressants qui savent mettre tout le monde mal à l'aise, ou quoi que ce soit d'autre, je me dis que ce n'est pas si grave, et que c'est même aussi bien comme ça.

Paul-Henri propose de prendre le café au salon, et on retourne tous ensemble là où on a laissé

Raymond avant la sieste. Après que Johana a porté le plateau et les tasses, et même la petite assiette avec les gâteaux en forme de cœur, comme dans les films américains que je regarde avec un pot de glace aux noix de Macadamia au fond de mon lit quand je vais mal, elle nous laisse là, tous les trois avec nos cafés, et Thelma avec son ours. Je nous observe, Martin et moi, Paul-Henri en face de nous, et Thelma par terre avec Raymond, et je songe qu'il y a quelques années encore je me serais sentie comme une toute petite fille assise devant cette table basse, peut-être même que je n'aurais pas pris de café parce que le café c'est pour les grands, j'aurais laissé le café pour Johana et Paul-Henri et j'aurais pris quelque chose comme une camomille ou une tisane quelconque. Ou peut-être même que je n'aurais pris que les gâteaux en forme de cœur sur la petite assiette. Mais Thelma est là maintenant, je ne suis plus la plus petite, c'est elle le bébé, mon bébé.

J'en suis là de mes réflexions quand Johana m'appelle, je pense à Paul-Henri qui n'a pas sorti son fusil finalement, je me dis que, jusque-là, tout allait bien. Je pense à ça mais qu'on n'est pas dans un film de Kassovitz aussi, l'atterrissage catastrophe n'est pas obligé d'arriver à tous les instants de ma vie. Puis je cherche d'où vient la voix.

Comme je ne connais pas vraiment la maison, sauf l'ancienne chambre de Martin dans laquelle Thelma fait sa sieste, j'ai du mal à trouver Johana. Quand j'arrive dans une chambre tout au fond d'un couloir, et que je la trouve assise sur un lit devant une très grande boîte en carton bleu ciel, elle me fait signe de m'asseoir près d'elle, de l'autre côté de la boîte. Là, elle me demande si Martin m'a déjà raconté l'histoire de son *daddy*. Elle dit « *daddy* » comme une enfant, comme si l'image de son père était restée celle d'une petite fille. Alors elle me raconte son *daddy* mort quand elle avait six ans. Six ans, pas plus. Elle me parle de sa mère qui est tombée ensuite amoureuse d'un autre homme, qui a aimé cette femme si fort et avec tant de passion qu'il a fait de Johana sa fille, entièrement et complètement. Johana me décrit ce papa qui l'a accompagnée à l'autel quand elle s'est mariée avec Paul-Henri, ce papa qui l'a soutenue toute sa vie, qui lui organisait des anniversaires de princesse quand toute sa classe venait à la maison. Elle sait qu'elle n'a jamais fait la différence entre ce père et tous les autres papas-pour-de-vrai des petites filles de l'école. Elle se souvient que ce papa avait failli tuer l'infirmier incapable de comprendre qu'il fallait opérer sa fille de l'appendicite, et l'opérer MAINTENANT parce qu'elle hurlait à la mort. Tant de souvenirs avec ce papa et si peu avec son *daddy*, une image, quelques photos, des certitudes aussi. Puis Johana ouvre la grande boîte en carton, ça sent l'amidon et le vieux propre, le très vieux propre, le trésor sacré, enfoui là avec l'espoir secret que quelqu'un viendra le déterrer un jour. De là, elle sort une salopette à rayures bleu ciel et blanches, un petit chemisier à col Claudine rose pâle, un pull tricoté pour sa mère par sa grand-mère et que Pauline et Martin ont porté de longues années à leur tour. Elle me raconte que ce pull a bientôt cent ans et je songe qu'ils ne sauront jamais faire des tricots pareils chez H&M. Elle a gardé ces quelques vêtements comme des reliques. Elle me dit : « C'étaient mes vêtements préférés, je sais qu'il aurait fallu les donner mais je n'ai pas pu, je me suis dit qu'ils seraient pour les enfants de Pauline et Martin, plus tard. » Alors je comprends que ce « plus tard », c'est maintenant et que, Thelma ayant décidé que Martin était son père, son papa-pour-de-vrai, et Martin ayant lui aussi pris Thelma pour fille, ces vêtements sont désormais à elle.

Quand on retrouve les hommes dans le salon, avec Raymond sur le canapé et Thelma assise sur le tapis, Johana et moi on a les yeux un peu roses : « C'est la poussière de la boîte », je dis. Martin demande : « Quelle boîte ? » Je lui montre les vêtements. Il ne se souvient pas de tous alors Paul-Henri va chercher les photos du fond de la pièce, celles que Martin a vues des années durant sur la commode sans pourtant réaliser qu'elles étaient là. Sur l'une d'entre elles, je vois Martin avec la petite salopette à rayures blanches et bleues. J'ai tout à coup envie de l'enfiler très vite à Thelma pour qu'elle soit habillée comme lui sur la photo, maintenant, tout de suite, et pas plus tard. La salopette est encore un peu grande, je la passe facilement par-dessus le petit short et le body que Thelma porte depuis le matin et qu'elle n'a pas encore tachés. Paul-Henri montre à la petite la photo de la salopette datant d'il y a plus de trente ans. Il lui dit : « C'est qui sur la photo ? » Et Thelma répond, comme une évidence : « Papa. » Il y a un silence qui ne dure pas longtemps, un silence qui n'est même pas gênant, un silence comme pour laisser aux parents de Martin le temps de s'habituer et de faire disparaître tout autre silence à l'avenir. Puis, pour alléger la solennité du moment et que tout ça ne vire pas au pathos, je lance : « Et "maman", tu ne diras jamais "maman" alors ? Je suis qui moi ? Répète "ma-man", allez, dis-le pour moi, rien qu'une fois… Dis "ma-man". » Et Thelma répond de nouveau : « Pa-pa », elle ne sait dire que « papa », répète « papa » en boucle comme pour me narguer et bien l'enfoncer dans la tête de Johana et Paul-Henri, elle dit : « Papa, papa, papa » sans s'arrêter. Les parents de Martin se laissent attraper par le bras et confirment à Thelma : « Oui, c'est papa. » Comme ils me voient désespérée, seule sur mon île de maman, ils s'improvisent clowns et, avec leurs jolies têtes de dessin animé, ils répètent à l'enfant : « MA-MAN, dis MA-MAN… Allez, à toi ! »

Alors, Martin regarde sa fille et lui dit : « Qui est amoureux de maman ? Hein, Thelma, qui aime maman ? » Et, sûre d'elle, mon tout petit bébé répond : « Papa. »

Dans trois jours, Thelma aura un an.

Merci à Carla et Éric.
À Patsy, Charles-André et Pauline.
À Omi.

Merci à maman, ma mapa, ma mère à moi.

Merci à Vanessa Springora.
Enfin, merci à Betty Mialet, à qui je dois tellement, et pour si longtemps.
C'est un peu être mère qu'être éditrice.

Imprimé en France par CPI
en novembre 2017

Composition réalisée
par Rosa Beaumont

N° d'édition : 56505/01
N° d'impression : 144529